Et si l'amour durait

Alain Finkielkraut

Et si l'amour durait

Stock

Ouvrage publié sous la direction de
François Azouvi

Transcription réalisée par Bérénice Levet

Couverture Atelier Didier Thimonier

ISBN 978-2-234-07109-4

© Éditions Stock, 2011

Avant-propos

L'enfant de bohème est devenu roi

Que nous soyons réactionnaires ou progressistes, tournés nostalgiquement vers le passé ou résolument vers l'avenir, nous sommes tous modernes en ceci que nous revendiquons et que nous exerçons la liberté d'aimer qui nous voulons, comme nous voulons et le temps qu'il nous plaît.

L'enfant de bohème est devenu roi. Nous avons balayé les conventions et supprimé les contraintes qui pesaient sur l'amour. Quel que soit le *modus operandi* de nos rencontres, personne ne choisit nos partenaires pour nous. Nulle autorité extérieure ne nous dicte nos comportements. La collectivité n'a plus voix au chapitre. L'union conjugale est l'affaire des individus et non une affaire de famille. Nous sommes, autrement dit, les maîtres des engagements que nous contractons. Notre vie nous appartient. Notre cœur est notre seul guide. Cette souveraineté nous comble mais elle nous confronte aussi, sans dérobade possible, aux questions qui tourmentaient la princesse de Clèves : suffit-il d'aimer pour savoir aimer ? L'amour est-il lui-même aimable, digne d'estime et de confiance ? A-t-il assez de ressources une fois levés tous les interdits, brisés tous les tabous, vaincus tous les obstacles, pour résister à l'épreuve du temps ? Est-on fondé à croire encore dans l'amour durable ou cette promesse est-elle une chimère, une illusion, un leurre, un dangereux mirage ?

On peut traiter ces questions qui sont désormais le lot de tout un chacun par la statistique et les sciences sociales. Sans mésestimer l'utilité de telles approches, j'en ai choisi une autre : la littérature. Après Madame de La Fayette, Ingmar Bergman, Philip Roth et Milan Kundera ont été mes éclaireurs.

P.-S. : Je remercie Thierry Grillet de m'avoir mis le pied à l'étrier en m'invitant à donner une série de conférences sur le roman d'amour dans un des amphithéâtres de la Bibliothèque nationale de France. J'ai aussi bénéficié de l'écoute et des interventions de mes élèves lors d'un séminaire donné à l'École polytechnique sur ce sujet. Ma gratitude va enfin, et encore une fois, à Bérénice Levet qui m'a aidé de ses conseils quand j'étais à la peine.

L'énigme du renoncement

Madame de La Fayette,
La Princesse de Clèves

Les premiers mots de *La Princesse de Clèves* nous plongent dans un univers fabuleux : « La magnificence et la galanterie n'ont jamais paru en France avec tant d'éclat que dans les dernières années du règne d'Henri second. » Luxe des parures, distinction des manières : des êtres d'exception brillent de tous leurs feux. « Jamais cour n'a eu tant de belles personnes et d'hommes admirablement bien faits ; et il semblait que la nature eût pris plaisir à placer ce qu'elle donne de plus beau dans les plus grandes princesses et dans les plus grands princes. » Nulle discordance, donc, entre les choses telles qu'elles sont et telles qu'elles s'offrent au regard, nous dit

Madame de La Fayette. Nul jeu entre la hiérarchie sociale et la hiérarchie naturelle. Nous sommes conviés à admirer l'ordre du monde et la supériorité des nobles. Mais l'éblouissement est de courte durée : « L'ambition et la galanterie étaient l'âme de cette cour, et occupaient également les hommes et les femmes. Il y avait tant d'intérêts et tant de cabales différentes, et les dames y avaient tant de part que l'amour était toujours mêlé aux affaires et les affaires à l'amour. Personne n'était tranquille, ni indifférent ; on songeait à s'élever, à plaire, à servir ou à nuire ; on ne connaissait ni l'ennui, ni l'oisiveté, et on était toujours occupé des plaisirs ou des intrigues. »

Alliée à l'ambition, la galanterie n'est plus courtoisie mais séduction, simulation, stratagème. Et l'apparence n'est plus apparition mais trompe-l'œil. À peine a-t-elle planté son merveilleux décor que Madame de La Fayette en montre les coulisses. Elle semblait célébrer la coïncidence triomphale de l'être et du paraître, voici qu'elle prend acte de leur désunion. Et l'être, c'est l'être de l'homme : derrière le spectacle enchanteur de l'inégalité, Madame de La Fayette voit à l'œuvre les ressorts de la psychologie commune. Les ruses et les rivalités règnent là où la perfection semblait déployer ses charmes. L'exercice du soupçon dissipe l'impression de beauté heureuse et de politesse rayonnante. Ainsi le roman se retourne contre le romanesque, pour notre plus grand plaisir de lecteur. Car depuis La Rochefoucauld et ses impitoyables *ne que* – « Ce que nous prenons pour des vertus n'est souvent qu'un assemblage de diverses actions et de divers intérêts que la fortune ou notre industrie savent arranger » ; « L'humilité n'est souvent qu'une feinte soumission dont on se sert pour soumettre les autres » ; « Ce qu'on nomme libéralité n'est le plus souvent que la vanité de donner » ; « Ce que les hommes ont nommé amitié n'est qu'un ménagement réciproque d'intérêts et qu'un échange de bons offices, ce n'est enfin qu'un commerce où l'amour-propre se propose toujours quelque chose à gagner » – depuis La Rochefoucauld donc, nous sommes convaincus que *le soupçon est la voie royale de l'intelligence*. La vérité a pour nous le goût amer de la désillusion et de l'inexorable.

Comme l'auteur des *Maximes*, son ami, son compagnon, Madame de La Fayette n'est dupe de rien. Elle lève le voile sur les manigances et la violence feutrée de la société qu'elle avait d'abord donnée comme admirable. Elle fait voir le dessous des cartes. Mais elle ne se laisse pas non plus emporter par l'ivresse du dégrisement. Son sujet central, c'est l'amour. Et s'il est tant d'amours qui servent les ambitions, s'il en est tant aussi qui ne sont, comme le dit en termes larochefoucaldiens le héros de *La Nuit et le Moment*, le chef-d'œuvre de Crébillon, que « des désirs qu'on exagère ou des mouvements des sens dont il plaît à la vanité des hommes de faire une vertu », l'amour véritable résiste au soupçon. Il n'est pas un prête-nom ni un faux-semblant ; il n'est ni un moyen ni un mensonge ; il n'est pas autre chose que lui-même. On n'en vient pas à bout en le débaptisant. La réduction ne lui rend pas plus justice que l'hyperbole. Pour le comprendre, il faut se soustraire à l'alternative de l'idéalisme et du réalisme : telle est la grande leçon de *La Princesse de Clèves*.

Monsieur de Clèves croise Mademoiselle de Chartres, le lendemain de son arrivée à la cour, chez un bijoutier italien où elle s'est rendue pour assortir des pierreries. Il ne sait pas qui elle est. Il la regarde. Elle est intimidée et, écrit Madame de La Fayette, « il demeura si touché de sa beauté et de l'air modeste qu'il avait remarqué dans ses actions, qu'on peut dire qu'il conçut pour elle dès ce moment une passion et une estime extraordinaires. » Immédiateté de l'amour : rien ne l'annonce ni ne le prépare. L'amour n'est pas le terme d'un processus de cristallisation, c'est un choc, c'est une déflagration, c'est un événement pur. Monsieur de Clèves pourrait faire sienne, en féminisant les pronoms, cette déclaration de Phèdre : « Je le vis, je rougis, je pâlis à sa vue./Un trouble s'éleva dans mon âme éperdue. »

La convention classique du coup de foudre a longtemps laissé dans l'ombre l'étude de la naissance du sentiment amoureux. Puis le roman a ralenti le pas et a scruté le grand mystère des commencements. D'où notre relative frustration, il faut bien l'avouer, devant la trop systématique, trop facile et trop paresseuse extase de la rencontre. Mais oublions ici la convention et retenons la signification de ce qui arrive. Le sujet amoureux ne choisit pas d'aimer. Il est saisi par l'amour. Il ne s'appartient plus. Il n'est plus son propre maître. « L'amour, comme l'a dit profondément Mallarmé, est une infidélité envers soi-même. » Infidélité non choisie, aliénation involontaire et non masque ou sublimation du désir.

Dès qu'il apprend le nom et la qualité de celle dont il est épris, Monsieur de Clèves a une idée fixe : l'épouser. On ne se marie pas par amour alors. Le mariage n'est pas une affaire individuelle mais une alliance entre familles et Monsieur de Clèves souffre d'un handicap : il n'est pas l'aîné de la sienne. Pourtant, il finit par arriver à ses fins. La mort opportune de son père le met dans une entière liberté de suivre son inclination. Liberté toute moderne mais qui ne lui apporte pas le bonheur. Il espérait avoir trouvé, avec la possession, la formule d'aimer sans souffrir. Après la fièvre de la passion, il croyait pouvoir connaître le bonheur à feu doux de l'amour conjugal. Or, si l'union a bien lieu, le projet unificateur échoue. Sa femme répond à son amour non par l'amour mais par l'estime et la reconnaissance. « Est-il possible, lui disait-il, que je puisse n'être pas heureux en vous épousant ? Cependant, il est vrai que je ne le suis pas. Vous n'avez pour moi qu'une sorte de bonté qui ne me peut satisfaire ; vous n'avez ni impatience, ni inquiétude, ni chagrin ; vous n'êtes pas plus touchée de ma passion que vous le seriez d'un attachement qui ne serait fondé que sur les avantages de votre fortune et non pas sur les charmes de votre personne. » Il a fait, autrement dit, un mariage d'amour et elle, un mariage arrangé. Alors même qu'il détournait le dispositif d'alliance, elle obéissait docilement à ses contraintes. Madame de Clèves s'insurge contre ces reproches douloureux : « Il y a de l'injustice à vous plaindre, lui répondit-elle ; je ne sais ce que vous pouvez souhaiter au-delà de ce que je fais, et il me semble que la bienséance ne permet pas que j'en fasse davantage. » Mais l'amour ne rend pas aveugle, l'amour ouvre les yeux. « Il est vrai, lui répliqua [Monsieur de Clèves], que vous me donnez de certaines apparences dont je serais content, s'il y avait quelque chose au-delà ; mais, au lieu que la bienséance vous retienne, c'est elle seule qui vous fait faire ce que vous faites. Je ne touche ni votre inclination ni votre cœur, et ma présence ne vous donne ni de plaisir ni de trouble. » Monsieur de Clèves voudrait que le code inhibe l'affection de sa femme. Il doit se contenter de l'affection prescrite par le code. Il la souhaiterait timide et rougissante, elle est tout à la fois appliquée et distante. Il aimerait voir se combattre en elle le sentiment et le protocole. Il n'a droit qu'à un sentiment protocolaire.

À la surprise de ses contemporains qui ne connaissaient, par la littérature et par l'expérience, que les maris volages, les maris autoritaires ou les maris trompés, c'est-à-dire comiques, Madame de La Fayette brosse le portrait inoubliable du *mari transi*. « En lui mettant dans la tête des chagrins violents », comme le déplore

Valincour, elle dote ce personnage, traditionnellement englué dans la prose de la vie, d'une grandeur tragique. Malgré ses privilèges, Monsieur de Clèves demeure l'éternel soupirant de sa femme. Il a vaincu tous les obstacles. Il a eu ce qu'il voulait et, pourtant, il ignore le repos. L'inquiétude le tourmente. Il n'accède jamais à la terre promise. Il reste séparé de celle qu'un lien indissoluble attache pourtant à lui. La dépendance et l'inégalité instaurées par la passion n'ont pas été résorbées mais aggravées par la vie commune.

À cette dissymétrie sans remède s'oppose la réciprocité instantanée de l'amour entre le duc de Nemours et la toute nouvelle princesse de Clèves. Leur rencontre a quelque chose de féerique. Un bal fastueux se donne à la cour pour les fiançailles de Monsieur de Lorraine. « Le bal commença et, comme [Madame de Clèves] dansait avec Monsieur de Guise, il se fit un assez grand bruit vers la porte de la salle, comme de quelqu'un qui entrait et à qui on faisait place. Madame de Clèves acheva de danser et, pendant qu'elle cherchait des yeux quelqu'un qu'elle avait dessein de prendre, le roi lui cria de prendre celui qui arrivait. Elle se tourna et vit un homme qu'elle crut d'abord ne pouvoir être que Monsieur de Nemours, qui passait pardessus quelques sièges pour arriver où l'on dansait. Ce prince était fait d'une sorte qu'il était difficile de n'être pas surprise de le voir quand on ne l'avait jamais vu, surtout ce soir-là, où le soin qu'il avait pris de se parer augmentait encore l'air brillant qui était dans sa personne ; mais il était difficile aussi de voir Madame de Clèves pour la première fois sans en avoir un grand étonnement. Monsieur de Nemours fut tellement surpris de sa beauté que, lorsqu'il fut proche d'elle, et qu'elle lui fit la révérence, il ne put s'empêcher de donner des marques de son admiration. Quand ils commencèrent à danser, il s'éleva dans la salle un murmure de louanges. » Surprise est le mot-clef de cette scène. Surprise de Monsieur de Nemours. Surprise de Madame de Clèves. Surprise de la cour. Surprise, dira un peu plus loin Madame de La Fayette, des reines et des rois de les voir danser ainsi sans se connaître. Cette rencontre est en quelque sorte contagieuse. Ce moment intense et fugace ravit tous ses témoins. Les amoureux ne sont pas seuls au monde ; le monde est gagné par l'admiration. Mais sous l'effet de cet événement extraordinaire, Monsieur de Nemours lui-même cesse d'être, ou d'être seulement, un homme du monde. La passion remplace aussitôt en lui l'ambition et anéantit le goût des aventures galantes. Une nouvelle hiérarchie des valeurs se forme. L'éclat des grandeurs de chair n'a plus de lustre pour lui. Et au-dessus même des grandeurs spirituelles, il découvre, médusé, l'ordre de l'amour. Ce n'est certes pas la charité pascalienne mais il y a de l'*agapè* dans cet éros. « Monsieur de Nemours projetait avec la bénédiction du roi de se rendre en Angleterre pour demander la main d'Elisabeth qui venait de monter sur le trône et qui avait parlé de lui avec empressement et même ferveur à l'ambassadeur de France. » Le voici soudain *désintéressé*, c'est-à-dire arraché par l'amour à ses intérêts et à ses intrigues. Il cesse d'aimer la gloire. Il connaît la grâce de vivre pour quelqu'un et de s'aimer moins que l'être qu'il aime. Cet amour-là n'est donc pas mêlé aux affaires, il en perturbe et même il en sabote le bon déroulement.

Quant à la princesse de Clèves, elle est innocente. Il ne lui est rien arrivé avant cette rencontre qui approche ce qu'elle ressent. Mais elle n'est pas ignorante. Sa mère, femme rigoriste et réaliste, inflexible mais pas hypocrite, a entrepris son éducation sentimentale. Choisissant une tout autre voie que le *moralement correct* de la pruderie traditionnelle, Madame de Chartres n'a pas dissimulé ce qui l'inquiète. À l'encontre des éducateurs qui croient supprimer les maléfices de la vie en les passant sous silence, elle a pris le parti de la divulgation : « La plupart des mères s'imaginent qu'il suffit de ne parler jamais de galanteries devant les jeunes personnes pour les en éloigner. Madame de Chartres avait une opinion opposée ; elle faisait souvent à sa fille des peintures de l'amour ; elle lui montrait ce qu'il a d'agréable pour la persuader plus aisément sur ce qu'elle lui en apprenait de dangereux ; elle lui contait le peu de sincérité des hommes, leur tromperie et leur infidélité, les malheurs domestiques où plongent les engagements ; et elle lui faisait voir, d'un autre côté, quelle tranquillité suivait la vie d'une honnête femme, et combien la vertu donnait d'éclat et d'élévation à une personne qui avait de la beauté et de la naissance ; mais elle lui faisait voir aussi combien il était difficile de conserver cette vertu que par une extrême défiance de soi-même et par un grand soin de s'attacher à ce qui, seul peut faire le bonheur d'une femme, qui est d'aimer son mari et d'en être aimée. »

Madame de Clèves est donc prévenue contre la passion qu'elle se découvre. Et elle lui fait d'autant plus mauvais accueil qu'elle se sent maintenant coupable de ne pas aimer ainsi

Monsieur de Clèves. Elle s'efforce alors de reprendre possession d'elle-même. En vain. Les émotions qui la submergent à la vue de Monsieur de Nemours ou à la simple évocation de son nom sont autant de défaites de sa volonté. C'est toujours malgré elle et sans en avoir presque le dessein qu'elle se trahit et qu'elle commet les actes qui l'engagent. La lucidité dont elle fait preuve ne lui est d'aucun secours.

Madame de Chartres s'aperçoit de cette inclination mais elle tombe mortellement malade. La mère convoque alors la fille à son chevet. « Vous êtes sur le bord du précipice », lui dit-elle. Et, après lui avoir rappelé ce qu'elle devait à son mari et ce qu'elle se devait à elle-même, elle se place sous la dépendance, sous la responsabilité de sa propre fille. Tout d'un coup, l'autorité en elle cède le pas à la fragilité et elle remet sa vie éternelle dans les mains de la princesse de Clèves : « Si d'autres raisons que celles de la vertu et de votre devoir vous pouvaient obliger à ce que je souhaite, je vous dirais que, si quelque chose était capable de troubler le bonheur que j'espère en sortant de ce monde, ce serait de vous voir tomber comme les autres femmes. » Ce sont les derniers mots de Madame de Chartres. Madame de Clèves est bouleversée par ce langage. Elle n'a pas besoin de croire dans la vie des morts pour se sentir l'obligée de la défunte et, comme elle observe avec une clairvoyance désolée qu'elle est toujours vaincue et surmontée par son inclination, elle prend une résolution extraordinaire.

Elle se livre, elle *se confie* à son mari en *lui confiant* qu'elle est amoureuse d'un autre : « Il est vrai que j'ai des raisons de m'éloigner de la cour et que je veux éviter les périls où se trouvent quelquefois les personnes de mon âge. Je n'ai jamais donné nulle marque de faiblesse et je ne craindrais pas d'en laisser paraître si vous me laissiez la liberté de me retirer de la cour ou si j'avais encore Madame de Chartres pour aider à me conduire. Quelque dangereux que soit le parti que je prends, je le prends avec joie pour me conserver digne d'être à vous. Je vous demande mille pardons si j'ai des sentiments qui vous déplaisent, du moins je ne vous déplairai jamais par mes actions. Songez que, pour faire ce que je fais, il faut avoir plus d'amitié et plus d'estime pour un mari que l'on en a jamais eu ; conduisez-moi, ayez pitié de moi, et aimez-moi encore, si vous pouvez. » Cette scène, à la sortie du roman, a stupéfié tout le monde. Elle a même fait scandale. On s'est disputé dans les salons. Et le *Mercure Galant* a lancé une grande enquête, une espèce de sondage d'opinion ainsi rédigé par son prolixe directeur Donneau de Visé : « Je demande si une femme de vertu, qui a toute l'estime possible pour un mari parfaitement honnête homme, et qui ne laisse pas d'être combattue pour un amant d'une très forte passion qu'elle tâche d'étouffer par toutes sortes de moyens ; je demande, dis-je, si cette femme voulant se retirer dans un lieu où elle ne soit point exposée à la vue de cet amant qu'elle sait qu'il l'aime sans qu'il sache qu'il soit aimé d'elle, et ne pouvant obliger son mari de consentir à cette retraite sans lui découvrir ce qu'elle sent pour l'amant qu'elle cherche à fuir, fait mieux de faire confidence de sa passion à ce mari que de la taire au péril des combats qu'elle sera continuellement obligée de rendre par les indispensables occasions de voir cet amant, dont elle n'a aucun autre moyen de s'éloigner que celui de la confidence dont il s'agit. »

Le style extraordinairement entortillé de cette question de casuistique galante ne rebute pas le public du *Mercure*. Au contraire. Sous des pseudonymes aussi divers que charmants – le Céleste Allobroge, le Berger des rives de la Juine, le Géomètre de Guyenne –, les réponses affluent. Le Géomètre de Guyenne, dont on croit savoir qu'il s'agit de Fontenelle, s'enthousiasme pour le livre et pour la scène litigieuse.

Mais la majorité des lecteurs font part de leur mécontentement. Pour eux, la confession de la princesse de Clèves était à la fois incongrue et pernicieuse car elle troublait la paix des ménages. Cet aveu extravagant, selon l'expression de Bussy-Rabutin, ne dérogeait pas moins à la bienséance qu'à la vraisemblance. Il ne devait pas être et il ne pouvait pas être. On ne se conduisait pas ainsi. L'Insensible de Beauvais, qui déclare traduire l'opinion unanime de ses amis, affirme qu'une femme doit « éternellement combattre et mourir même dans ses combats » plutôt que de désoler un époux.

Nous sommes séparés par un abîme de ces considérations indignées. Ce n'est plus la paix mais le bonheur qui est la valeur suprême. La sincérité, depuis Rousseau, a destitué la bienséance. Le progrès de l'égalité des conditions fait que le mari n'est plus un maître. Enfin, et surtout, nous avons été formés par la grande littérature, notamment par *La Princesse de Clèves*, à juger la vraisemblance d'un texte à l'éclairage qu'il jette sur l'ambiguïté des choses humaines. Par son aveu, Madame de Clèves ne veut pas rompre le lien qui l'unit à son mari mais le renforcer. Elle n'est pas libre cependant de conférer une signification univoque à ses paroles. En même temps qu'elle se soumet, elle s'éloigne. Elle est offerte et elle est inaccessible. Elle fait allégeance et elle prend le large. Par le présent qu'elle fait d'elle-même à son mari, Madame de Clèves lui confirme son absence. Plus elle lui appartient et plus elle lui échappe.

Et Monsieur de Clèves, dévasté par ce que lui dit sa femme, ne peut manquer d'être reconnaissant du fait qu'elle le lui dise. Sa confidence le crucifie, sa confiance l'éblouit : « Vous me rendez malheureux par la plus grande marque de fidélité que jamais une femme ait donnée à son mari. » Rancœur et gratitude, tourment et admiration palpitent simultanément en Monsieur de Clèves. Cette cohabitation des affects est fragile mais les choses auraient pu en rester là si Monsieur de Nemours, caché derrière une palissade, n'avait assisté à la scène. C'est pour l'amant-spectateur une étrange épreuve. Madame de Clèves refuse, malgré l'insistance fébrile de son mari, de dire le nom de l'homme qu'elle aime, mais le duc de Nemours comprend qu'il s'agit de lui. Il est au comble du bonheur et il est infiniment malheureux. Car comment prétendre engager une personne qui a recours à un remède aussi extraordinaire ? Il est le témoin stupéfait de sa victoire et de sa déroute. Le « Je l'aime » auquel il assiste subrepticement rend improbable sinon impossible le « Je vous aime » auquel il aspire.

Partagé entre la jubilation et le découragement, Monsieur de Nemours ne peut garder cette histoire pour lui. Il cède à ce que Valincour appelle, avec mépris, une « vulgaire démangeaison de parler ». Il s'épanche donc auprès du vidame de Chartres, l'oncle de Madame de Clèves. C'est commettre, même en usant de noms empruntés, une indiscrétion et une imprudence. « L'amour, lit-on dans *L'Astrée* d'Honoré d'Urfé, ajoute de la perfection à nos âmes. » Non, répond Madame de La Fayette : si l'amour nous met au service d'un autre que nous-même, il n'est pas pour autant gentilhomme. Il ne fait pas de nous des êtres idéaux mais des êtres habités.

Monsieur de Nemours fait promettre le secret au vidame de Chartres. Peine perdue. La cour bruisse bientôt du récit de cette aventure extraordinaire et la confiance est brisée entre Monsieur et Madame de Clèves qui sont chacun persuadés que l'autre a parlé. Et quand, scrutant éperdument sa femme, Monsieur de Clèves découvre à une fugitive rougeur du visage que Monsieur de Nemours est l'homme qu'elle lui préfère, son amour éclate en un véritable chaos sentimental. « Je ne me trouve plus digne de vous ; vous ne me paraissez plus digne de moi ; je vous adore ; je vous hais ; je vous offense, je vous demande pardon ; je vous admire, j'ai honte de vous admirer ; enfin, il n'y a plus en moi ni de calme, ni de raison. » L'aveu qui devait apporter la paix et la lumière le plonge finalement dans les ténèbres d'une exténuante guerre intérieure. Et, de toutes les émotions qui l'assaillent, c'est évidemment la plus cruelle, celle qui fait le plus mal qui finit par l'emporter. Quand il soupçonne Monsieur de Nemours de vouloir rejoindre Madame de Clèves dans sa retraite, il le fait suivre par un gentilhomme qui était à lui. Maléfique sagacité de la jalousie.

Monsieur de Nemours se rend une nouvelle fois à Coulommiers. Là, il surprend, dans le silence d'une nuit solitaire, un deuxième aveu plus éloquent, plus flagrant encore que le premier : « Il faisait chaud, et elle n'avait rien, sur sa tête et sur sa gorge, que ses cheveux confusément rattachés. Elle était sur un lit de repos avec une table devant elle où il y avait plusieurs corbeilles pleines de rubans ; elle en choisit quelques-uns et Monsieur de Nemours remarqua que c'étaient les mêmes couleurs qu'il avait portées au tournoi. Il vit qu'elle faisait des nœuds à une canne des Indes, fort extraordinaire, qu'il avait portée quelque temps et qu'il avait donnée à sa sœur à qui Madame de Clèves l'avait prise sans faire semblant de la reconnaître pour avoir été à Monsieur de Nemours. Après qu'elle eut achevé son ouvrage avec une grâce et une douceur que répandaient sur son visage les sentiments qu'elle avait dans le cœur, elle prit un flambeau et s'en alla, proche d'une grande table, vis-à-vis du tableau du siège de Metz, où était le portrait de Monsieur de Nemours ; elle s'assit et se mit à regarder ce portrait avec une attention et une rêverie que la passion seule peut donner. » Toute réserve est abolie. Nul mystère, nulle ombre ne demeurent. La transparence règne. Madame de Clèves se dévoile entièrement. Et son corps, outre sa beauté, est un livre ouvert. Monsieur de Nemours se délecte d'être le destinataire secret de cette confession impudique, mais il sait aussi qu'il n'a pas le droit de rejoindre son image. Il sait qu'en apparaissant, il n'incarnera pas cette image, il la fera immédiatement disparaître. Il voit sans être vu : privilège divin. Il est condamné à l'invisibilité : supplice infernal. N'y tenant plus cependant, il finit par avancer de quelques pas. Madame de Clèves, sans être absolument sûre de l'avoir reconnu, rentre précipitamment dans la chambre où étaient ses femmes. Monsieur de Nemours s'en va. Mais il revient le lendemain. Madame de Clèves ne se montre pas. Alors, comme elle, il se console de l'absence par la dévotion fétichiste. Après l'avoir vue tout occupée de choses qui avaient rapport à lui, il passe la nuit dans le pavillon à contempler les objets dont elle était environnée. Le jour suivant, il trouve un prétexte pour se rendre avec sa sœur chez Madame de Clèves. Mais celle-ci, sur ses gardes, évite tout tête-à-tête avec lui. Il la quitte donc, sûr de son amour et désespéré par sa rigueur.

Le gentilhomme qui l'a suivi est convaincu qu'il a passé deux nuits avec Madame de Clèves et qu'il est retourné la voir. Il rend compte fidèlement de sa mission à Monsieur de Clèves. Amant malheureux et mari trompé, celui-ci ne résiste pas à la nouvelle de cette double infidélité. Il meurt littéralement de chagrin. Madame de Clèves a le temps de se disculper et réussit presque, nous dit Madame de La Fayette, à le persuader de son innocence mais il est trop tard. Dans le désespoir où sombre alors Madame de Clèves, il entre la douleur d'avoir perdu le mari qui l'aimait, la honte de n'avoir pas su répondre à sa passion et le ressentiment contre l'homme qui a causé sa mort. Quand elle apprend néanmoins que Monsieur de Nemours, respectant le deuil où elle est plongée, s'est arrangé pour louer une chambre d'où il peut une nouvelle fois la voir sans être vu et quand elle l'aperçoit absorbé dans une rêverie profonde, son amour refait surface. Elle est touchée par la délicatesse, la piété et la constance de ce voyeurisme. « Ce prince se présenta à son esprit, aimable au-dessus de tout ce qui était au monde, l'aimant depuis longtemps avec une passion pleine de respect et de fidélité, méprisant tout pour elle, respectant même jusqu'à sa douleur, songeant à la voir sans songer à en être vu ». Et constate-t-elle, il n'y avait « plus de devoir, plus de vertu qui s'opposassent à ses sentiments ; tous les obstacles étaient levés, et il ne restait de leur état passé que la passion de Monsieur de Nemours pour elle et que celle qu'elle avait pour lui. » C'est très exactement le langage que lui tient Monsieur de Nemours lors d'une rencontre arrangée par l'oncle de Madame de Clèves, le vidame de Chartres. Or elle dit non. Tout en déclarant son amour, elle répond par une fin de non-recevoir au trop frêle bonheur qui lui tend les bras.

Et ce renoncement suscite aujourd'hui la même stupeur exaspérée que la scène de l'aveu lors de la parution du livre. Quelque trois cent trente années après la grande enquête du *Mercure Galant*, une nouvelle querelle de *La Princesse de Clèves* est en cours. Dans son magnifique essai *Galanterie française*, Claude Habib reproche à Madame de La Fayette d'avoir prêté à une héroïne de vingt ans la philosophie d'une femme de quarante et d'être tombée ainsi dans l'invraisemblance. Madame de La Fayette qui affirmait « c'est assez que d'être » et qui trouvait que l'amour est une chose incommode a fait de ce triste *a posteriori* l'*a priori* têtu d'une jeune fille. Or, dit, en substance et très subtilement Claude Habib, pour être revenu de l'amour, encore faut-il y être allé.

Philippe Sollers ne juge pas ce comportement invraisemblable mais symptomatique. Il analyse la pathologie de *La Princesse de Clèves*. « Madame de La Fayette, écrit Sollers, invente la violence singulière du sado-masochisme exquis. L'impossible, c'est mieux. Le refus de jouir est plus électrisant que l'acte. Ce sera donc non, mais comme les aventures du non sont plus excitantes que les aventures du oui ! » Et l'auteur de *Femmes* conclut par un clin d'œil à la surabondance heureuse de sa propre biographie érotique : « On aimerait prouver le contraire pourtant. »

Mais la querelle n'est pas restée cantonnée au monde intellectuel. Le chef de l'État s'en est mêlé. Nicolas Sarkozy, qui parle rarement de littérature, a fait, à trois reprises, de *La Princesse de Clèves* l'emblème de l'inutilité et le repoussoir de la formation professionnalisante qu'il appelle de ses vœux. Pourquoi n'a-t-il pas varié ses cibles ? Pourquoi pas *Tartuffe*, *Andromaque*, les *Essais*, les *Pensées* ou *Le Jeu de l'amour et du hasard* ? Pourquoi *La Princesse de Clèves* est-elle l'unique objet de son ressentiment ? Et pourquoi est-il allé jusqu'à dire, bouillant de colère, qu'« un sadique ou un imbécile, choisissez », avait mis ce texte au programme du concours d'attaché d'administration ? Parce que, c'est du moins l'hypothèse que je soumets, Madame de La Fayette raconte une histoire à dormir debout. Cette princesse n'est pas croyable. Son dolorisme est inadmissible. Son rejet catégorique de ce qu'elle désire le plus ardemment au moment où il devient enfin possible de l'obtenir, est absurde et inconvenant, contraire à nos mœurs, à nos valeurs les plus chères et à toute prévision raisonnable. Dans l'univers holiste de la subordination des choix individuels aux exigences de la communauté, Madame de Clèves a la chance insigne d'être moderne, c'est-à-dire de pouvoir aimer et agir à sa guise. Or que fait-elle, avec une dureté de douairière ? Elle gâche cette chance. En l'absence d'obstacles, elle devient l'obstacle. Invoquant l'aberrant principe de précaution sentimentale, elle décline ce que la vie lui offre et la société lui permet. Ne faut-il pas être soi-même tordu, demande le président pragmatique, fougueux et fonceur, pour continuer de proposer cette décision maladivement frileuse à l'admiration et à la réflexion des générations nouvelles ?

L'acharnement du président de la République française contre *La Princesse de Clèves* a eu, il est vrai, l'effet paradoxal ou plus exactement pavlovien, de remettre ce classique au goût du jour. Il était embaumé, il est ressuscité ; il était élitiste, il est soudain subversif ; il était lointain, le voici citoyen ; il faisait partie de cette haute culture que chérissent, comme chacun sait, les héritiers car elle leur permet de se reconnaître entre eux et de perpétuer par une sélection truquée leur domination sur les classes populaires ; les militants de la liberté, de l'égalité et de la diversité désormais s'en réclament. On a vu, à côté du ruban rouge de la lutte contre le sida, fleurir ce badge bleu : « Je lis *La Princesse de Clèves* » et, dans la préface pugnace qu'elle a donnée à une nouvelle édition du livre, Marie Darrieussecq a annoncé qu'elle préparait un roman intitulé *Clèves* où – « Je ne vous dis que ça » – la princesse... coucherait. Cette promesse nous émoustille, mais qu'est-ce qu'une princesse qui couche sinon une princesse qui *se* couche, une princesse conforme, rentrée dans le rang, lissée, rabotée, normalisée, naturalisée, banalement et docilement actuelle ? Dans cette nouvelle querelle éthico-littéraire, les amis rebelles et polissons de *La Princesse de Clèves* sont en fait d'accord avec ses adversaires déclarés.

Je voudrais, contre cet accord, me faire ici l'avocat de son extravagance. Madame de Clèves entend rester fidèle à celui qui est mort par amour pour elle. Ce n'est pas un « fantôme de devoir », comme l'affirme Monsieur de Nemours, c'est le devoir que lui assigne un fantôme obsédant. Madame de Clèves ne se révèle pas soudain fanatiquement ou, pour le dire dans la langue d'aujourd'hui, *névrotiquement* vertueuse. Elle ne succombe pas à l'attrait morbide de l'ascétisme. Elle ne se raidit pas contre la jouissance et le péché de la chair : elle refuse de laisser se transmuer en *aubaine* la perte de son mari. « Ma mort vous laissera en liberté, lui avait-il dit, et vous pouvez rendre Monsieur de Nemours heureux, sans qu'il en coûte des crimes. » Ces mots retentissent toujours et barrent à Madame de Clèves la voie même qu'ils lui tracent. Rendre Monsieur de Nemours heureux, ce serait confirmer qu'elle a été débarrassée d'un obstacle et que Monsieur de Clèves a rendu l'âme à point nommé. Cette idée est insupportable. Si la princesse devenue veuve veut préserver l'authenticité de son deuil et l'intégrité même de son être, elle se doit de démentir le *happy end* imaginé pour elle par le défunt. Se conduire de manière à ne pas lui donner raison : telle est la maxime de son action, tel est le programme héroïque qui s'impose à elle. Parce que le *oui* à Monsieur de Nemours ferait inexorablement de la mort tragique de Monsieur de Clèves un événement providentiel, elle s'interdit ce dénouement auquel elle aspire et elle choisit, contre son gré mais pour sauvegarder sa dignité, de dire *non*. Madame de Clèves, en un mot, ne saurait, sans s'avilir à ses propres yeux, tirer bénéfice de la catastrophe dont elle est la cause.

Mais le devoir, aussi impérieux soit-il, ne suffit pas à sa résolution. Elle repousse Monsieur de Nemours car elle a la certitude que, tôt ou tard, il cessera de l'aimer et elle cherche à se prémunir contre l'horreur du délaissement. Elle ne veut pas payer du prix de l'abandon et de l'amertume les douceurs exquises mais fugitives de l'amour : « Je sais que vous êtes libre, que je le suis, et que les choses sont d'une sorte que le public n'aurait peut-être pas sujet de vous blâmer ni moi non plus quand nous nous engagerions ensemble pour jamais. Mais les hommes conservent-ils de la passion dans ces engagements éternels ? »

Dire « Je vous aime » c'est dire « Je vous aimerai », c'est parler simultanément au présent et au futur, c'est s'extraire du fleuve du temps, c'est, comme l'écrit Octavio Paz, « confier à une créature éphémère et changeante, deux attributs divins : l'immortalité et l'immutabilité ». Mais, affirme Madame de Clèves, ce défi métaphysique tourne toujours à la débâcle. La finitude vainc celui qui croyait la vaincre. L'amoureux n'est pas à la hauteur de la parole la plus solennelle et la plus sincère qu'il lui soit donnée de prononcer. Comme Madame de Saint-Ange dans *Le Triomphe de l'indifférence*, Madame de Clèves est persuadée des « inconstances et des dégoûts qui doivent suivre l'amour ». Elle récuse autrement dit, la distinction élaborée par les théologiens et reprise par sa mère, entre l'amour de concupiscence et l'amour de bienveillance ou d'amitié. À saint Jérôme disant :

« Adultère est aussi l'amoureux trop ardent de sa femme », elle répond qu'il n'existe pas d'autre amour que cette ardeur et que celle-ci est éphémère.

Cette sagesse désenchantée a en effet quelque chose d'inattendu et même d'improbable de la part d'une femme si jeune et qui a si peu vécu. Mais elle a été instruite, c'est-à-dire prématurément vieillie par les intrigues du roi Henri II, de Madame de Tournon et du vidame de Chartres que lui ont révélées Madame de Chartres, Monsieur de Clèves et Monsieur de Nemours. Le roi est depuis vingt ans épris de Diane de Poitiers, duchesse de Valentinois mais il n'y a pas de véritable réciprocité dans cette liaison inaltérable. Il n'est attaché à la duchesse de Valentinois que parce qu'elle est elle-même infidèle, c'est-à-dire détachée. Madame de Tournon, qui était veuve, s'était promise secrètement à Monsieur de Sancerre. Elle meurt soudainement et son amant, éploré, découvre qu'elle en aimait un autre. « J'ai la même affliction de sa mort que si elle m'était fidèle et je sens son infidélité comme si elle n'était point morte. » Enfin, le vidame de Chartres partage son cœur entre Madame de Thémines, Madame de Martigues et par vanité, la reine Catherine de Médicis elle-même.

Il serait injuste indéniablement de ranger Monsieur de Nemours et *a fortiori* Monsieur de Clèves sous la même bannière que ces personnages équivoques ou versatiles. Aussi soucieux qu'ils soient de ce qui peut flatter leur gloire, ils ne sont pas justiciables du même réalisme psychologique. Madame de Clèves le sait et le dit. Leur amour est pur. Leur amour est amour, irréductiblement. Leur amour n'est le nom de rien sinon de lui-même. Mais en aimant, ils s'engagent et ils sont voués à ne pas tenir parole sauf s'ils demeurent perpétuellement insatisfaits : « Monsieur de Clèves était peut-être l'unique homme du monde capable de conserver de l'amour dans le mariage […] ; peut-être aussi que sa passion n'avait subsisté que parce qu'il n'en aurait pas trouvé en moi. »

Tout entière mobilisée par la destitution du mariage comme pacte de famille au profit de la liberté des individus et du mariage d'inclination, l'Europe romantique n'a rien voulu entendre de ce sombre diagnostic. Les enfants se sont progressivement émancipés de l'autorité des pères et des intérêts du lignage. Certes les habitus sociaux ont continué à jouer et à aiguiller les choix individuels mais les Julie ont épousé leurs Saint-Preux et les princesses de Clèves ont dit oui à leurs ducs de Nemours.

Et nous, aujourd'hui, où en sommes-nous ? Sartre, dans *L'Idiot de la famille*, commente cette phrase du comte Mosca parlant de Fabrice et de la Sanseverina : « Si le mot d'amour vient à être prononcé entre eux, je suis perdu. » « Par ce terme, dit Sartre, la collectivité affirme son droit de regard sur l'intimité la plus purement subjective. » Que le mot d'amour soit prononcé et voici « la tendresse un peu folle qu'éprouvent l'un pour l'autre la jeune tante et son neveu » dotée d'un avenir, d'une essence objective. La culture prend possession des cœurs, l'amour autre, l'amour des autres fait main basse sur l'amour des amants à travers un serment soutiré à chacun d'eux par la société et qu'aucun d'eux ne peut trahir sans se renier lui-même. « On nourrira donc le vampire, continue Sartre. On s'aliénera à cette tâche infinie pour cette feinte dernière ou ultime mystification, la fidélité à soi. » La révolte contre les pressions communautaires fomentée au nom de l'amour par les romantiques est prolongée par Sartre en déconstruction du discours amoureux. Qu'est-ce que ce discours, pour le philosophe de la liberté, sinon de l'obligatoire plaqué sur du vivant ? Les mots murmurés dans l'intimité sont, nous dit-il en substance, le cheval de Troie de la société. Ils signent l'intrusion du monde dans le duo des amants. Les hommes sont libres de leurs choix mais rattrapés par leurs formules. L'emprise sociale s'exerce à travers les promesses ardentes et, ajoute David Kepesh, le héros de *La bête qui meurt*, le roman de Philip Roth, ces promesses conduisent tout droit ceux qui les énoncent dans la cellule monastique ou carcérale du couple marié. « Non, les hommes ne savent rien, ou bien affectent de ne rien savoir des aspects pénibles, voire tragiques, de ce qui les attend. Au mieux, ils se disent, stoïques : oui, je comprends que tôt ou tard, il va me falloir renoncer au sexe dans mon couple, mais c'est pour connaître des plaisirs différents, supérieurs. Tout de même, est-ce qu'ils saisissent l'ampleur de leur renoncement ? » Savent-ils, autrement dit, ce qu'il leur en coûtera de tabler sur la *pérennité* de l'amour au lieu de prendre acte de sa *précarité* ? Se rendent-ils compte qu'ils vont expier par une étouffante conjugalité leur choix naïf ou raisonné du bonheur conjugal ?

Tout le monde, il est vrai, n'est pas aussi radical que Sartre et Kepesh. Tout le monde ne va pas aussi loin dans la volonté de libérer le sentiment amoureux du serment d'amour mais on a cessé de fixer pour mandat à l'amour de résoudre, je cite ici Kierkegaard, « la grande énigme de vivre dans l'éternité en écoutant sonner la pendule ». On en a rabattu de cette ambition démesurée. L'amour s'est réconcilié avec sa propre finitude. L'incrédulité de Madame de Clèves, autrement dit, a gagné les postromantiques que nous sommes. Le *non serviam* opposé par l'amour à la loi naturelle, c'est-à-dire à l'usure de toute chose, nous apparaît comme à elle présomptueux ou chimérique. Notre expérience confirme ses prémonitions. Et c'est, à l'heure du démariage, encourir le ridicule que de prétendre la démentir. Qui ose croire que deux êtres vivant depuis longtemps ensemble ne finissent pas l'un ou l'autre voire, plus fréquemment encore, l'un *et* l'autre, par se lasser ? Cependant, plus la vision de Madame de Clèves est partagée, moins on comprend sa décision. Plus on ratifie ses motifs, plus on critique son attitude. Plus on lui donne raison et plus aussi, on trouve qu'elle est folle. On est scandalisé aujourd'hui non par l'impuissance de l'amour à subjuguer le temps mais par l'absolutisme de Madame de Clèves, c'est-à-dire son désespoir et sa révolte devant cette impuissance. C'est l'être de l'amour, nous semble-t-il, qu'elle décrit comme l'échec de l'amour. Sans doute sommes-nous dans le vrai. Reste la question que nous lègue la princesse ensevelie dans le linceul glacé de ce qu'elle appelle son repos. L'amour qui se défie expressément de ce qu'il déclare, l'amour qui s'accommode de son propre parjure au point de l'ériger en loi ou en principe de fonctionnement, cet amour est-il encore l'amour ? Pour peu qu'ils réfléchissent à la signification du roman et ne se laissent pas enfermer dans la question de la vraisemblance, les modernes sont renvoyés à leur propre renoncement par celui de Madame de Clèves. Son extravagante intransigeance est le miroir inversé de leur démission.

Bibliographie

MADAME DE LA FAYETTE, *La Princesse de Clèves*, Garnier-Flammarion, 2009

François DE LA ROCHEFOUCAULD, *Maximes*, Garnier-Flammarion, 1977

CRÉBILLON, *La Nuit et le Moment*, Le Livre de Poche, 2003

Roger DUCHÊNE, *Madame de La Fayette*, Fayard, 2000

Bernard PINGAUD, *Madame de La Fayette*, Seuil, coll. « Écrivains de toujours », 1997

Claude HABIB, *Galanterie française*, Gallimard, 2006

Philippe SOLLERS, « Le secret de Madame de La Fayette », in *Éloge de l'infini*, Gallimard, 2001

Jean-Paul SARTRE, *L'Idiot de la famille. Gustave Flaubert de 1821 à 1857*, Gallimard, coll. « Bibliothèque de philosophie », 1972, tome I

Philip ROTH, *La bête qui meurt*, Gallimard, 2001

Octavio PAZ, *La Flamme double, amour et érotisme*, traduit de l'espagnol par Claude Esteban, Gallimard, 1994

L'enfer du ressentiment

Ingmar Bergman, *Les Meilleures Intentions*

Dans *Les Enfants du dimanche*, Bergman relate une conversation qu'il a eue avec son père devenu veuf – conversation tardive, conversation crépusculaire. Ce sont deux vieux messieurs qui se parlent. « Quelle erreur ai-je commise ? » demande le premier et le second ne répond pas directement à la question. Il dit : « "Le pire c'était que nous vivions dans une telle peur." Peur ? Père me regarde sincèrement troublé, comme si c'était la première fois qu'il entendait ce mot. Peur ? Peur que Père se fâche. Ça nous tombait dessus avec tant de soudaineté et parfois on ne comprenait pas pourquoi Père nous engueulait et nous battait. "Là, tu exagères sûrement." "Vous m'avez posé la question, j'essaie de vous répondre." "Quand même ! J'étais plutôt gentil." "Non. Nous avions peur de vos crises de colère et il n'y avait pas que nous, les enfants." »

Les voies du père étaient impénétrables, sa puissance illimitée. Il n'était donc pas question de lui résister. Seules étaient possibles les échappées imaginaires. Le petit Ingmar prenait sa revanche sur l'écrasante figure paternelle en fabulant, en racontant des histoires. Sa muse se serait-elle éveillée s'il n'avait vécu dans la peur ? Nous apprenons en tout cas dans *Laterna magica* qu'il confia un jour à son voisin de banc à l'école que ses parents l'avaient vendu au cirque Schumann et que bientôt on allait venir le chercher et qu'il allait recevoir tout un entraînement pour devenir acrobate et partenaire d'Esmeralda, la jeune femme vêtue de blanc qui montait un immense étalon noir.

Bergman a commencé sa carrière de conteur et de saltimbanque par le roman familial et c'est par le roman familial qu'il a bien failli la clore. Dans *Fanny et Alexandre*, son dernier film pour le cinéma, la peur ancienne fomente le personnage démoniaque de Mgr Edvard Vergerus. Mais cet évêque luthérien de haute taille aux cheveux gris-blancs, aux yeux d'un bleu intense avec sa croix d'or qui scintille sur sa redingote noire, n'est pas le père de Fanny et Alexandre. D'un même mouvement, le récit né de la peur le consacre et le destitue. C'est le Prince des Ténèbres et c'est un étranger. Son pouvoir est absolu, nulle sa légitimité. Emilie Ekdahl, la mère des deux héros, l'a épousé en secondes noces malgré la colère et la haine dont il était rempli et qu'elle sentait palpiter en lui, parce qu'il lui parlait d'une autre vie, une vie exigeante, faite de pureté et de devoirs joyeusement accomplis, une vie proche de Dieu, une vie dans la vérité : « La vérité était sans doute ce qui m'importait le plus, dit l'actrice. J'avais soif de vérité. Je trouvais que j'avais vécu dans le mensonge. » Son mariage est donc une conversion. Elle se dépouille solennellement de tout ce qu'elle possédait. Elle entre avec ses enfants dans l'évêché sans rien garder de leur existence antérieure. Mais très vite, elle déchante et la promesse d'une vie meilleure tourne au cauchemar. En guise de vérité, l'ordre, la ponctualité, la propreté et la terreur règnent sous son nouveau toit. L'évêque, qui voit tout et qui entend tout, punit les enfants à la moindre faute. Quand Alexandre est pris en flagrant délit de fabulation, il ne se contente pas de sévir. Il organise avec un soin maniaque son procès. Il lui administre cérémonieusement dix coups de rotin et il le fait enfermer dans le grenier car on doit être impitoyable envers celui qui ne sait pas faire la différence entre la vérité et le mensonge. Malheureuse pour ses enfants et elle-même martyrisée, Emilie veut fuir cet enfer. Mais il la tient. Alors, un soir, à bout de nerfs et de forces, elle verse deux tablettes de bromure dans son bouillon. Elle le lui dit. Il se fâche mais sa colère, cette fois, est désarmée. Il ne peut résister au sommeil qui le gagne. Emilie se sauve et le lendemain, elle apprend qu'un incendie a ravagé la maison et que le monstre est mort dévoré par les flammes.

Avec ce scénario d'apocalypse, Bergman est allé jusqu'au bout de la peur et de la vengeance. Tout donc semble dit. Eh bien non, justement. Maintenant qu'il a vidé son sac, il peut penser à nouveaux frais. Sa muse est libre. Il écrit *Les Meilleures Intentions*. Et lui qui avait, dès l'adolescence, lutté avec une énergie sans pareille pour se libérer de l'emprise familiale, voici qu'il délivre ses parents de lui-même. Il fait ce qu'aucun fils ne songe à faire : il leur accorde l'indépendance. Tel le Dieu de la Kabbale, il crée en se rétractant, en se démettant de ses prétentions hégémoniques sur l'être. Là où l'épanchement est généralement de mise, il pratique l'effacement. Sa subjectivité ne fait plus la loi. Elle disparaît du paysage. Bergman, en somme, ne continue pas le roman familial, il l'abroge, il démonte les tréteaux de son théâtre enfantin. Il en a fini avec la fable conçue pour expliquer l'inexplicable honte d'être mal né, mal loti, mal-aimé. Son inspiration change de nature. Au lieu de se débattre avec les figures de Père et de Mère, il part à la recherche de ses parents perdus, ou plus précisément qu'il avait perdus de vue en s'obstinant, comme tous les enfants, même adultes, à ne voir en eux que des parents. Il les défamilialise donc. Il les absout de leur parentalité. Il se souvient qu'ils ne sont pas nés en même temps que lui et, explorant cette mystérieuse antériorité, il découvre deux jeunes gens séduisants, irrésistiblement attirés l'un par l'autre.

Leur rencontre a même quelque chose d'enlevé comme une scène de Marivaux ou de Stendhal. Lucien Leuwen était tombé de cheval sous les fenêtres et donc sous les yeux de Mme de Chasteller. Henrik Bergman a été invité à dîner dans la famille de son ami Ernst. On dîne tôt alors en Scandinavie. Cinq heures. Et chez les Åkerblom cinq heures tapantes. Il arrive inexplicablement en retard, lui, le très rigoureux, très scrupuleux et très ponctuel étudiant en théologie. Anna lui ouvre la porte et, aussitôt, elle le taquine.

« Henrik : Je suis en retard. J'arrive trop tard.

« Anna : On vous servira quand même à dîner. Mais ce sera sans doute à la cuisine.

« Henrik : Je suis affreusement... Moi qui habituellement suis...

« Anna : ... un monstre de ponctualité. Nous le savons. Entrez donc ! Sinon le dîner aura encore plus de retard.

« Henrik : Je ne crois pas que je vais avoir le courage de... non.

« Henrik fait demi-tour, il se hâte de gagner l'escalier. Anna le rattrape et le prend par le bras. Elle a du mal à maîtriser son envie de rire.

« Anna : Quand nous nous retrouvons ensemble, nous sommes une famille assez dangereuse, je l'admets, surtout quand notre repas n'est pas servi à l'heure. Mais il me semble que vous devriez quand même montrer quelque courage. La chère sera excellente et quant au dessert, c'est moi qui l'ai préparé de mes propres mains. Venez. *Pour moi.*

« Elle lui enlève sa casquette d'étudiant et lui lisse les cheveux avec la main ; allons, comme ça, ça va, et elle le pousse devant elle dans le vestibule.

« Anna : M. Bergman vous prie de l'excuser. Il a dû se rendre au chevet d'un ami malade et aller ensuite à la pharmacie pour lui. Il y avait foule. Ça l'a retardé. »

Henrik vient d'un milieu très modeste. Anna est l'enfant gâtée d'une famille bourgeoise. Elle est espiègle, intrépide. Il est gauche et timide. Il n'est pas le prince charmant mais le pauvre empoté. Et c'est précisément, outre qu'il est beau garçon, cela qui la charme. Alors, tout en s'amusant à ses dépens, elle lui vient en aide et elle va plus loin encore. Son persiflage est un jeu galant. « Venez. *Pour moi* », lui dit-elle quand il veut battre en retraite. Elle le prend par le bras. Elle le recoiffe avant de le présenter à ses parents comme s'ils n'étaient déjà plus des étrangers l'un pour l'autre. Et par la grâce du mensonge qu'elle invente pour l'excuser, elle fait d'eux d'emblée des complices. Un « nous » apparaît ainsi face au reste de la famille. Un « nous » léger, un « nous » folâtre, un « nous » tactile né d'une plaisanterie et qui prend vite de la consistance.

Henrik revient dans la maison de la famille Åkerblom. Cette fois, les parents sont absents. Il n'y a que le frère, la sœur et lui. Au téléphone, Anna assure à sa mère qu'elle est seule avec Ernst. Nouveau mensonge. Nouvelle et troublante complicité. Ils sont décidément de mèche. Le trouble conduit Anna la nuit même, à deux heures du matin, dans la chambre de bonne où Henrik, allongé sur le dos, les mains derrière la tête, les yeux grands ouverts, écoute battre son cœur et s'émerveille de ce qui lui arrive.

« Anna : Tu dors ? Non, je savais bien que tu ne dormais pas. Je me suis dit, il faut que j'aille voir Henrik et que je lui dise ce qu'il en est. »

Ce qu'il en est, c'est la décision qui s'impose à eux, alors même qu'ils ignorent presque tout l'un de l'autre, de faire leur vie ensemble. Mais Henrik doit avouer le lendemain matin qu'il y a quelqu'un d'autre dans sa vie, Frida Strandberg, une serveuse à laquelle il est fiancé depuis deux ans. Elle tique imperceptiblement au mot de serveuse. Ils se quittent donc, fâchés et meurtris. Anna pleure et ces larmes-là ont quelque chose de voluptueux.

« Anna : Je suis sûre que je l'aime, dit-elle à Ernst.

« Ernst : Et lui ?

« Anna : Je suis sûre qu'il m'aime.

« Ernst : Alors pourquoi pleurer comme ça ? Tu m'écoutes ? Anna ?

« Anna : Ça fait si *mal*. »

Ça fait mal ? On ne se sépare pas sur un tel constat. Quelques semaines plus tard, Anna, Ernst et Henrik partent à bicyclette pour une excursion jusqu'au village de transhumance de Bäsna et là Henrik et Anna, laissés à eux-mêmes, s'embrassent et s'embrassent encore. « Non, dit Anna, pas maintenant, ce n'est pas possible, j'ai mes règles. Puis ils s'embrassent encore et ôtent quelques vêtements. Ils se retrouvent allongés sur un lit recouvert d'une espèce de drap grossier, mais cela n'est guère un obstacle. Soudain, il y a du sang, beaucoup de sang, un peu partout. Anna dit : attention, ça fait mal, sois prudent, ça fait mal. Puis elle ne pense plus que ça fait mal, à moins que ça ne fasse plus mal. Elle ne s'inquiète pas de ce sang un peu partout, la veine du cou de Henrik bat contre ses lèvres. Elle renifle, elle rit, elle le retient. Quelques secondes et tout cela appartient au passé, mais c'est décisif. » Il y a certes des étreintes plus érotiques que cet accouplement mais peu importe ici l'érotisme. Sur les draps rêches d'un lit inconfortable, Anna fait à Henrik un don inestimable. Elle lui offre plus que sa virginité.

Les choses se sont-elles passées ainsi ? Bergman n'en sait rien. Sa mère lui a raconté qu'ils ont fait un jour une excursion à Bäsna et qu'Ernst, les ayant laissés seuls, a continué parce qu'il voulait pêcher la truite. Il est revenu avec une anguille bien grasse qu'il a relâchée dans le fleuve. Voilà. Le reste, Bergman l'a rêvé, en cessant de rêver pour son propre compte et en se mettant, avec toute l'empathie du romancier, à la place des protagonistes. Son écriture n'est plus aux ordres du fantasme. Il s'est évadé de la cage œdipienne et il a imaginé pour Anna et Henrik un rapport sexuel à la mesure de leur amour chaste et débridé. Après ce moment d'abandon total, un grand espoir a pris corps, nous dit Bergman. L'espoir d'une jonction et même d'une fusion entre les deux figures de l'amour : l'amour de l'aimé et l'amour du prochain. « Tu imagines quelle équipe imbattable nous allons faire tous les deux, dit Anna à Henrik. Toi, comme pasteur et moi, comme infirmière. C'est comme si nos vies se déroulaient selon un plan préétabli. Nous allons vivre l'un pour l'autre et nous serons utiles aux autres. »

Anna s'insurge contre la loi énoncée par Proust : on n'aime plus personne dès qu'on aime. En nous, affirme-t-elle crânement, le soin des corps et le soin des âmes s'uniront, la médecine secondera la religion et les deux amours, l'exclusif et l'oblatif, se conjugueront au lieu de se combattre. Des obstacles, il est vrai, se dressent sur le chemin de l'idylle. Les parents d'Anna, et surtout sa mère, s'opposent à leur projet. Ils ne sont pas rétrogrades. Ils s'accommoderaient sans doute de la mésalliance s'ils n'avaient pas le sentiment que le bonheur de leur fille était en jeu : « Vous êtes un très jeune homme, dit dame Karin, la mère d'Anna à Henrik, vous ne connaissez pas grand-chose à la vie et vous portez en vous, je le crains, des blessures qui vous ont été faites très tôt et qui sont profondes, des blessures sans doute inguérissables, inconsolables. Anna se désespérera dans ses vaines tentatives pour les soulager et les guérir. » Pour empêcher la catastrophe qu'elle pressent, dame Karin est prête à tout. La fin justifie les moyens. Son inquiétude a raison de ses scrupules. Ayant appris que Henrik n'avait pas eu le courage de mettre sa vie en ordre et de rompre avec Frida la serveuse, elle l'oblige à rompre avec sa fille. Celle-ci tombe gravement malade et de Suisse, où elle soigne sa tuberculose, elle écrit à son frère Ernst et à Henrik qu'elle ne parvient pas à oublier. Son attachement pour lui est même si fort, si singulier et si neuf qu'elle ne se satisfait pas de la formule canonique de l'amour. Cette formule, elle l'a déjà employée, or rien ne se compare à ce qu'elle éprouve. C'est donc par une non-déclaration magnifique qu'elle se déclare : « C'est si facile de dire qu'on aime : je t'aime, mon petit papa, je t'aime, mon petit frère. En fait, on se sert d'un mot et on ne sait pas ce que ce mot veut dire. C'est pourquoi, Henrik, je n'ose pas t'écrire que je t'aime. Je ne l'ose pas. Mais si tu veux me prendre par la main et m'aider à sortir de mon chagrin si profond, nous pourrons peut-être apprendre l'un à l'autre ce que recouvre ce mot. » Dame Karin intercepte les deux lettres et, sans trembler, les déchire et les brûle. Son vieux mari, faible et bon, proteste en vain. Quand il meurt, dame Karin est en Italie où elle a rejoint sa fille. Saisie du double remords de ne l'avoir pas écouté et de l'avoir laissé seul, elle avoue son forfait. Dès lors, tout s'accélère. Rien ne s'oppose plus à l'union d'Anna et d'Henrik. Ils se retrouvent avec ardeur, avidité. Ils se fiancent et ils prennent ensemble le train pour Forsboda dans le nord du pays, au fin fond du Gästrikland où Henrik a obtenu son premier poste de pasteur titulaire.

Ce n'est pas un lieu idyllique mais dans son austérité même, c'est un lieu parfait pour le sérieux de leur idylle. Or, une fois le but atteint et au moment où devait s'achever l'histoire, voici que surgit le drame. Ce qui avait commencé comme du Stendhal bascule dans Strindberg. L'heure est venue non de l'effusion mais de l'explosion. La scène de l'idylle est saccagée par la scène de ménage. Anna et Henrik découvrent la chapelle en ruine du presbytère. Ils sont mélancoliques et un peu perdus. Mais au moins le sont-ils ensemble. Ils partagent, sans se parler, la même émotion. Soudain, Henrik rompt le silence et propose à Anna que leur mariage soit célébré, là, « dans le chœur de notre église complètement délabrée ». Pourquoi ? Parce que ce lieu est le lieu de tous les amours : l'amour de Dieu, l'amour du prochain et leur amour. « Rien que toi et moi, le doyen et deux témoins [...] Par cet acte, nous inaugurons cette église et nous l'épousons par la même occasion. » Tel est le rêve romantique du pasteur enfiévré. Anna l'infirmière n'est pas moins romantique mais son romantisme lui souffle un tout autre rêve. Elle veut un mariage magnifique dans la cathédrale de Uppsala. Cette volonté, elle l'exprime d'abord doucement. Puis, très vite, le ton monte. Les rêves entrent en collision. Ils se brisent l'un contre l'autre dans le fracas et l'aigreur.

« Henrik : Et si je ne veux pas.
« Anna : Si tu ne veux pas quoi ?

« Henrik : Si je ne veux pas participer à cette mascarade dans la cathédrale d'Uppsala. Qu'est-ce que tu fais, toi ?

« Anna (en colère) : Qu'est-ce que je fais ? Je vais te le dire très clairement, Henrik Bergman. Je te rends cette bague !

« Henrik : Mais c'est de la pure folie.

« Anna : *Qu'est-ce qui est de la pure folie ?*

« Henrik : Tu veux sacrifier notre vie commune, *notre vie*, à un simple rituel.

« Anna : C'est *toi* qui sacrifies notre vie commune à un je-ne-sais-quoi de ridicule, de théâtral, de mélodramatique. Ma fête *à moi* au moins, *c'est une fête*. Et alors tout le monde est content et tout le monde comprend que, toi et moi, nous sommes enfin mariés pour de bon. »

Chacun, ici, dénonce, chez l'autre, le choix de l'artifice. Les deux époux parlent au nom de la nature et s'accusent mutuellement de lui préférer la comédie sociale. Il défend l'authenticité du sentiment contre le faste des cérémonies. Elle lui reproche de cabotiner, de faire des manières avec ses origines modestes, sa pauvre, sa misérable enfance. Il s'indigne de voir ses caprices d'enfant gâtée donc son amour-propre prendre le pas sur l'amour. Elle lui répond qu'il n'y a pas de geste plus amoureux que de prendre, par un beau mariage, le monde à témoin de l'amour. Bref, ils parlent le même idiome, ils invoquent les mêmes valeurs mais ils ont cessé de se comprendre. Et le vertige les prend. Une fois ôté le couvercle de la civilité, pourquoi ne pas tomber dans le puits ?

« Henrik : … tu sais, je n'ai jamais oublié quand tu m'as demandé ce que faisait Frida et que je t'ai répondu qu'elle était serveuse. Je me souviens du ton que tu as pris, de l'expression de ton visage.

« Anna : … se promener avec une chemise sale et des trous à ses chaussettes, ce n'est pas obligatoire. Ni d'exhiber ses pellicules sur son col et ses ongles sales.

« Henrik : … je n'ai *jamais* les ongles sales.

« Anna : … tu n'es pas propre et tu sens parfois la sueur.

« Henrik : … cette fois tu en as trop dit. »

Un couple peut-il survivre à ce déballage ? Non, répondent d'abord Anna et Henrik. Après la bataille, épuisés, ils n'envisagent pas d'autre issue que la séparation. Henrik cite Luther : « Un mot qu'on a laissé s'envoler ne se laisse plus jamais rattraper par l'aile. » On peut raturer ce qu'on a écrit mais ce qui est dit est dit. Toute parole est fatale. *Verba manent*, contrairement à ce que prétend l'adage. Il n'est pas au pouvoir d'Anna et d'Henrik de désentendre les mots terribles qu'ils ont échangés. Et pourtant, ils restent ensemble. Ils recollent, consciencieusement, les morceaux. Le mariage a lieu à Uppsala comme elle le désire et, comme il le souhaite, il n'y a pas de voyage de noces. Désormais, c'est donnant, donnant. À la concession de l'un doit répondre le sacrifice de l'autre. Aussitôt après la cérémonie, ils retournent à Forsboda où ils font équipe. Ils recueillent même un enfant difficile. Les choses se passent mal. Elle veut le renvoyer dans sa famille. « Petrus est notre prochain », plaide alors Henrik. « Moi aussi, je suis ton prochain même s'il se trouve que je suis aussi ta femme », réplique Anna. Ainsi la fusion rêvée des deux amours ne résiste pas à l'épreuve des faits. *Le* prochain n'existe pas, il y a *des* prochains entre lesquels il faut parfois choisir. Plongés dans le tourbillon de la vie, confrontés à la pluralité humaine, l'amour-sentiment se détraque, l'amour-commandement s'affole. Et la tension dans le couple devient insupportable lorsque Henrik par fidélité à ses ouailles et plus profondément peut-être, à ses origines, à sa condition sociale refuse la proposition extraordinaire qui lui est faite d'être l'aumônier de l'hôpital de la reine à Stockholm. Pour Anna, c'en est trop. Elle n'en peut plus. Elle cesse de se battre. Elle prend la fuite. Enceinte de son deuxième enfant, Ingmar, elle quitte le domicile conjugal et retourne auprès de sa mère. Mais Henrik ne se le tient pas pour dit. Dans la dernière scène du roman, il se présente devant Anna en pénitent : « J'ai écrit au pasteur Primarius et j'ai dit oui. Nous nous installons cet automne à Stockholm. » Ainsi la séparation a été évitée. L'esquif conjugal n'a pas fait naufrage. Il a traversé victorieusement les tempêtes. Mais ce triomphe de l'amour est sinistre. On ne peut imaginer situation plus désolante que le *happy end* des *Meilleures Intentions*. Le lecteur comprend que le remariage d'Anna et d'Henrik ne ferme pas la parenthèse de la querelle car celle-ci n'est pas une parenthèse mais un destin. L'insouciance des commencements ne reviendra jamais, ni le sérieux des grandes promesses. L'idylle est un mirage définitivement envolé. L'épitaphe des *Meilleures Intentions* se trouve dans *Laterna magica* : « Nos parents vivaient dans un déchirement permanent une crise sans commencement ni fin. »

Dans *Fanny et Alexandre*, la crise se ramène au combat entre le Bien et le Mal et se résout par le feu : le diable est brûlé vif. Rien de tel ici. Dépassant son propre point de vue, imposant silence à ses griefs, Bergman voit dans cette affaire la bonne volonté à l'œuvre partout : chez

Henrik ; chez Anna ; chez dame Karin elle-même qui agit moins, on l'a vu, en fonction d'un préjugé de classe que pour prévenir une catastrophe conjugale. La méchanceté est remarquablement absente. Chacun est animé par les meilleures intentions. On pense à Kant : « De tout ce qu'il est possible de concevoir dans le monde et même en général hors du monde, il n'est rien qui puisse être, sans restriction, tenu pour bon si ce n'est seulement une bonne volonté. » Et l'on se demande comment ce désir omniprésent de bien faire a pu provoquer un tel désastre. Que s'est-il passé ? Sur quel écueil intime les bonnes intentions ont-elles buté ? Et par quoi l'amour qui a surmonté tous les obstacles que la société a dressés sur son chemin a-t-il lui-même été vaincu ?

Transportons-nous pour répondre à ces questions en juillet 1925. Douze ans ont passé depuis la scène du presbytère, Bergman reprend le fil de son enquête. À partir du peu qu'il sait, il imagine et il réfléchit. *Les Meilleures Intentions* ont donc une suite : *Entretiens privés*. Juillet 1925 donc. C'est dimanche. La chaleur est étouffante. Voici Anna : « Elle porte un tailleur beige, avec une jupe d'un ton plus foncé qui descend jusqu'aux chevilles, des bottines à talons hauts et un chapeau tout simple. La veste est ouverte sur un corsage en dentelle blanc, avec un col montant. Pour seuls bijoux, ses deux alliances et de fines boucles d'oreilles avec des brillants. Elle serre contre elle son sac à main en cuir fauve. » Soudain quelqu'un crie son nom. C'est son oncle Jacob. Il a soixante-cinq ans. Il est le pasteur en titre de la paroisse où officie Henrik. Anna est déconcertée par la rencontre fortuite de celui qui a été chargé de sa confirmation et qui est encore son directeur de conscience. Après les politesses d'usage, brusquement elle déclare :

« Je suis une épouse infidèle.

« Je vis avec un autre homme.

« Je trompe Henrik.

« Je suis angoissée.

« Je n'ai pas mauvaise conscience ou quoi que ce soit de ce genre-là. Ce serait ridicule.

« Mais je suis angoissée. »

L'oncle Jacob écoute mais il est attendu à l'église. Il invite Anna à le retrouver après le service pour un entretien privé, c'est-à-dire, nous sommes chez les luthériens, une confession sans confessionnal. Anna arrive à l'heure au rendez-vous. L'échange reprend et l'oncle Jacob lui demande de tout dire à Henrik. La vérité est la solution, affirme-t-il.

À l'époque de *La Princesse de Clèves*, le mariage était une institution où chacun jouait sa partie et qu'il fallait préserver des caprices individuels. Une femme ne devait pas avouer l'adultère ni même la tentation d'adultère car, ce faisant, elle sortait de son rôle et mettait l'institution en péril. Pour oncle Jacob, représentant de Dieu dans le monde démocratique et représentant de la démocratie dans l'univers religieux, le mariage est un lien entre deux subjectivités libres et indépendantes, un contrat fondé sur l'amour ou au moins sur la confiance. Le mensonge rompt ce contrat. Il dépouille le mariage de sa raison d'être. On doit donc la vérité à son conjoint. L'aveu n'est plus une aberration mais une obligation.

Anna proteste. Elle n'est pas moins moderne que son oncle mais elle est lucide aussi. « Henrik est un homme qui supporte à grand-peine les épreuves que la vie quotidienne lui occasionne. Il est faible et craintif. Son travail menace de le dépasser […] Si je débarquais avec la vérité, le malheur s'abattrait sur nous. Non, *oncle* Jacob, non et non. » Le pasteur reste intraitable. Il est sûr de son fait, c'est-à-dire de la vocation supérieure de l'homme. Aux arguments psychologiques d'Anna et aux doutes métaphysiques qui la tenaillent – « Croyez-vous en Dieu, *oncle* Jacob ? Un Père qui est aux cieux ? Un Dieu d'amour ? Un Dieu avec des mains, un cœur et des yeux qui vous surveillent ? » –, il oppose une ardente profession de foi séculière : « Ne dis pas "Dieu" ! Dis plutôt "Le Sacré". La Sainteté de l'homme. La vérité est inscrite dans la sainteté de l'Homme [...] On ne peut pas faire violence à la vérité sans que ça tourne mal, sans faire du mal. » Et Anna, après avoir dit non, finit par se rendre. Elle obéit à la sommation pastorale.

Peut-être est-ce autant le dégoût que le devoir qui la motive quand Henrik, après quatre semaines de séparation, est pressé de l'étreindre et qu'elle met alors, entre leurs deux peaux, la barrière de l'aveu. « Depuis un certain temps, je vis avec un autre homme. » Et les choses se passent autrement qu'elle l'avait prévu. Henrik est anéanti mais il reste calme. Il semble lui pardonner. Si son oncle Jacob avait raison ? Si la vérité était *la* solution ?

Mais la vérité n'est jamais assez vraie. Il reste encore à dire une fois que tout a été dit et ainsi de suite jusqu'à *l'extermination de la pudeur*. Celui qui sait abstraitement les choses réclame du concret. Il veut un récit exhaustivement fidèle de l'infidélité commise. Rien ne peut rester caché. Il n'y a pas de secret qui tienne devant les exigences formulées au nom du droit de savoir et ces exigences n'ont pas de cesse. La jalousie est un ogre insatiable. Ce qui la nourrit l'affame. Henrik presse donc Anna de questions : « Tu me dois un compte rendu détaillé de ton commerce avec cette personne. » Il cherche dans la transparence un remboursement de son chagrin. Il y trouve en fait un surcroît de douleur. Non, la vérité n'est pas la solution car la vérité est obscène. Et l'obscénité est mortelle.

« Comment décrire ce cercle vicieux, écrit Bergman, les menues chamailleries, les questions répétées, chaque fois plus humiliantes qui, pour finir, empêchent toute compassion ? Comment vais-je décrire l'empoisonnement qui remplit imperceptiblement la maison tel un gaz de combat qui attaque les sens pour longtemps, voire pour toute la vie ? » Lancé pour son malheur dans la quête pornographique de l'aveu ultime, le mari d'Anna ne lui pardonnera jamais et ce « jamais » nous renvoie à la scène inaugurale des *Meilleures Intentions*.

Henrik a vingt-trois ans. Il est étudiant en théologie à l'université d'Uppsala et il fait face dans une chambre d'hôtel à son grand-père. Entre eux, le contentieux est lourd. Fredrik Bergman a rompu toute relation avec le père d'Henrik quand celui-ci, contre sa volonté, a décidé de se faire pharmacien. Et quand l'enfant prodigue est mort, il a prolongé la sentence d'exclusion et refusé de venir en aide à sa famille. La grand-mère d'Henrik a toujours souffert de cette sévérité. Aujourd'hui, elle agonise sur un lit d'hôpital. Et Fredrik Bergman est le messager de son remords : « Ta grand-mère m'a demandé de venir te voir. En disant que c'est sa dernière volonté. En disant qu'il faut que tu ailles la voir à l'hôpital. En disant qu'elle veut te demander pardon de toute la peine que moi, elle et notre famille, nous avons faite à toi et à ta mère. » Fredrik Bergman ne croit pas que cette prière aura à elle seule le pouvoir d'attendrir son petit-fils. Il lui propose donc d'acheter son pardon en prenant en charge ses études, en versant une mensualité à sa mère et en acquittant toutes leurs dettes. Peine perdue. Henrik ne se laisse pas fléchir. « Allez auprès de cette femme qu'on appelle ma grand-mère et dites-lui qu'elle a vécu toute une vie aux côtés de son mari sans nous aider ni ma mère ni moi. Sans jamais s'opposer à vous, grand-père. Elle connaissait notre misère et elle envoyait ses petits cadeaux pour Noël et pour les anniversaires. Dites à cette femme qu'elle a choisi sa vie et qu'elle a choisi sa mort. Mon pardon, elle ne l'aura jamais. »

Henrik reste donc de marbre. Le juge qu'il est ne reviendra pas sur sa condamnation. Malgré l'agonie de la coupable, malgré son repentir, il confirme sans sourciller la sentence. Il ne trouve aucune circonstance atténuante à la femme qui a, en toute connaissance de cause, laissé se commettre une injustice. Il la renie comme il a lui-même été renié. Elle n'est plus sa grand-mère mais *celle qu'on appelle sa grand-mère* et rien n'apaise Henrik. Sa vindicte est insatiable. Sa haine est plus forte que la mort.

Quelque temps après cette rencontre, un ami de la famille qu'on appelle oncle Freddy rend visite à sa mère. Henrik est là. Voici leur échange.

« Freddy : Ta grand-mère m'a parlé de toi.

« Henrik : Ah bon. (Un silence.) Vraiment ?

« Freddy : ... elle pensait que ton grand-père et tous les autres membres de la famille avaient commis plus qu'une grave faute, un crime à l'égard de ta mère et de toi. Elle disait qu'elle ne pouvait quasiment pas vivre quand elle pensait à son petit-fils qui lui avait été enlevé. Elle ne savait pas comment réparer ça. [...] Et puis, n'est-ce pas, elle est morte, la pauvre ?

« Henrik : ... oui, elle est morte.

« Freddy : ... as-tu trouvé le temps d'aller la voir avant sa mort ? Elle avait grand besoin de...

« Henrik : Elle était à l'hôpital universitaire d'Uppsala. Je préparais des examens et j'ai remis ma visite à plus tard. Quand je me suis finalement résolu à y aller, elle était morte. Décédée quelques heures plus tôt.

« Freddy : Et ton grand-père, l'as-tu rencontré ?

« Henrik : Nous nous sommes croisés dans un couloir de l'hôpital, mais nous n'avions rien à nous dire.

« Freddy : Je suis allé à l'enterrement, mais je ne t'y ai pas vu.

« Henrik : ... je n'ai pas assisté à l'enterrement de grand-mère.

« Freddy : ... non. Je comprends. »

L'agonie morale de la grand-mère d'Henrik était donc bien antérieure à son agonie physique. Depuis le début, elle souffrait de cette répudiation, de ce crime, elle en avait honte et elle soupirait impuissante et désespérée après son petit-fils. Et il n'est même pas venu à son enterrement. Comme l'oncle Freddy, on comprend mais on n'aime pas ce que l'on comprend. On a même un haut-le-cœur devant l'acharnement féroce que révèlent les réponses embarrassées et sournoises d'Henrik. Il faut pourtant le réprimer, ce haut-le-cœur et voir plus loin. En refusant de délier ses grands-parents de leur faute, Henrik s'enferme avec eux. Il subit la peine qu'il inflige. Il ne les laisse pas sortir mais lui non plus. Il se condamne à la macération perpétuelle. Il fait les cent pas dans sa mémoire comme le prisonnier dans sa cellule. Ce passé indépassable préempte tous les autres temps du verbe. « Le pardon, écrit Hannah Arendt, libère des conséquences de l'acte à la fois celui qui pardonne et celui qui est pardonné. » Henrik ne sait ni rendre cette liberté ni la prendre, ce qui signifie que rien, jamais, ne lui arrive. Malgré toute sa bonne volonté, il est empêché de tourner la page. Il ne peut pas s'ouvrir à une vie nouvelle. Comme l'avait bien senti dame Karin, vivre, pour lui, c'est toujours revivre l'exclusion dont il a été victime. La rancune qui l'habite n'est pas réactive mais préjudicielle. Il ne cesse de trouver dans son expérience du monde des confirmations ou des réitérations du tort initial qui lui a été fait.

Forsboda. Nouvel an de 1915. Ernst rend visite aux deux jeunes mariés. Sur le gramophone, il met le disque qu'il a apporté pour Anna. C'est un *one step*, le dernier cri, la danse dans le vent. Le frère et la sœur s'élancent et s'enlacent. Anna veut attirer Henrik. « C'est ta redingote qui te gêne. Hop ! On enlève la redingote du pasteur ! » – cette redingote dont lui-même disait quand il était encore étudiant qu'elle allait lui servir de corset pour le protéger contre l'insécurité de l'existence. Henrik se crispe, Henrik se raidit. Il ne consent pas à abandonner cette protection. « Il soulève [Anna] et il la relâche et il lui donne un léger coup dans la poitrine qui la fait reculer de deux pas et trébucher contre une chaise. » Puis il part en claquant la porte. Pourquoi cet accès de violence ? Il le dit en revenant, penaud, quelques minutes plus tard : il est jaloux, jaloux du frère et de la sœur, jaloux de l'insouciance, jaloux des gens heureux. Il occupe *a priori* la position de l'exclu. Il a été autrefois chassé du paradis et *ça recommence*.

Henrik n'est pas un individu banal ou seulement singulier. C'est un personnage paradigmatique. C'est une possibilité humaine. Henrik est ce qui arrive à l'homme quand la faculté de pardonner lui fait défaut. Il aime Anna, mais il ne connaît pas la grâce de l'amour. Il aime Anna, mais aussi fort, aussi authentique soit-il, ce sentiment n'a pas le pouvoir de l'arracher à l'enfer du ressentiment. L'enfer, en effet, ce ne sont pas les autres ; l'enfer, c'est la répétition ; l'enfer, c'est le même ; l'enfer, c'est l'impuissance des autres, y compris de l'être aimé, à faire événement et à mettre un terme à ce que Jankélévitch appelle le « radotage de la continuation rancunière ». Bergman, qui n'a cessé de régler ses comptes avec la religion paternelle, découvre dans son ultime investigation que ce qui a tragiquement manqué à son père, ce sont précisément les deux dispositions qui étaient au cœur de sa foi et de son enseignement : la grâce et le pardon. Il extrait donc, pour solde de tout compte, ces notions de leur carcan théologique. La grâce et le pardon, nous dit Bergman dans *Les Meilleures Intentions* et *Entretiens privés*, sont des catégories précieuses et précaires de l'existence humaine.

Neuf ans après l'aveu funeste, Anna est convoquée par l'oncle Jacob dans son appartement du 14, Skolgatan, à Uppsala. Le vieux pasteur est à l'article de la mort et comme il le dit lui-même à Anna, il ne veut pas aller dans la tombe sans savoir ce qu'ils sont devenus, comment ils vivent, elle et Henrik : « Lors des longues heures de la maladie, notre entretien m'est revenu en mémoire et ne m'a plus laissé en repos. »

Anna va-t-elle lui rendre la monnaie de sa pièce et se venger de la vérité par la vérité ?

Va-t-elle jouer cartes sur table et placer oncle Jacob devant les conséquences désastreuses de ses bonnes intentions ? Non. Plutôt que de le terrasser par un récit sincère, elle s'engage dans une voie dont aucun maître de morale ne lui avait fait connaître l'existence : la voie du mensonge miséricordieux. Elle choisit, pour l'épargner, de lui désobéir. Elle fait, par égard pour lui, le contraire de ce qu'il lui demande et de ce qu'il lui avait jadis demandé de faire. Elle prend ainsi soin de l'âme du pasteur comme il n'a pas su prendre soin de son âme à elle. Elle veille sur son repos en travestissant la vérité alors qu'il a détruit le sien en l'obligeant à la dire. « J'ai fait comme vous me l'aviez conseillé, *oncle* Jacob. Quand je suis arrivée à la maison de vacances, le lendemain soir, le moment était propice puisque Henrik et moi étions seuls. J'ai tout raconté, sans rien dissimuler – même le plus douloureux. Henrik a écouté sans m'interrompre. Il ne m'a pas quittée des yeux mais il n'a rien dit. Quand j'ai eu fini de parler, nous sommes restés longtemps silencieux. Et Henrik a dit : "Ma pauvre Anna. Ça ne doit pas être facile." Puis nous avons commencé à parler et j'ai osé lui dire plus de choses sur moi-même qu'en douze ans de vie commune. Ce fut un soir bizarre et j'ai pensé à ce que vous m'aviez dit, qu'il fallait donner à Henrik la possibilité de mûrir. Pas de reproches, pas de menaces, pas de rancœur. Pas de mal. »

Henrik, on le sait, n'a pas pardonné mais Anna pardonne à oncle Jacob et lui apporte la paix en lui racontant la touchante histoire du pardon d'Henrik. Elle fournit ce qu'il faut d'irréalité à la réalité pour la rendre vivable. Ainsi fait-elle, modestement, la leçon à l'Europe protestante et à Kant, son maître incontesté dont la silhouette apparaît fugitivement dans *Les Meilleures Intentions*, « la tête en avant, la bouche en cul de poule, l'haleine mauvaise, traversant la citadelle des connaissances : "Pour être moral, il faut se soumettre à la loi morale par pur respect pour cette loi morale, comme elle apparaît dans l'impératif catégorique : agis en sorte que la maxime de ta volonté puisse toujours être le principe d'une législation universelle !" » Le mensonge ne peut devenir l'objet d'une telle législation car s'il le devenait, la communication entre les hommes perdrait tout sens. Pour être moral, il faut donc ne jamais mentir. Ce principe ne souffre aucune exception. « La véracité est un devoir formel, absolu, inconditionné de l'homme à l'égard de chacun quel que soit l'importance du dommage qui peut en résulter pour lui ou pour un autre », lit-on dans l'opuscule de Kant, *D'un prétendu droit de mentir par humanité*. Anna voit les choses autrement. Il n'est pas de loi que ne vienne tourmenter sa jurisprudence. Il n'est pas de règle qui ne soit remise en cause par les cas particuliers. Il n'est pas d'injonction de la raison pratique qui ne doive être tempérée ou problématisée par la sagesse pratique, c'est-à-dire le jugement en situation. La pure morale menace de se renverser en son contraire si elle ne tient pas compte de la variété des êtres et des circonstances. Ce qui humanise les hommes, ce n'est pas seulement la domestication de la bête, c'est aussi la lutte avec l'ange. Il arrive que la sincérité soit une forme de vandalisme et il faut parfois pour bien agir *ne pas* universaliser la maxime de son action. Voilà la réponse d'Anna au philosophe de Königsberg. C'est également la réponse de Bergman et à travers lui, celle de la littérature.

Bibliographie

Ingmar BERGMAN, *Les Meilleures Intentions*, traduit du suédois par Carl Gustav Bjurström et Lucie Albertini, Gallimard, 1992
—, *Les Enfants du dimanche*, traduit du suédois par Carl Gustav Bjurström et Lucie Albertini, Gallimard, 1993
—, *Fanny et Alexandre*, traduit du suédois par Carl Gustav Bjurström et Lucie Albertini, Gallimard, 1983
—, *Entretiens privés*, traduit du suédois par Alain Gnaedig, Gallimard, 1996
—, *Laterna magica*, traduit du suédois par Carl Gustav Bjurström et Lucie Albertini, Gallimard, 1987
Hannah ARENDT, *Condition de l'homme moderne*, traduit de l'anglais par Georges Fradier, Calmann-Lévy, 1983

Vladimir JANKÉLÉVITCH, « Le Pardon », in *Philosophie morale*, Flammarion, 1998

Emmanuel KANT, « Sur un prétendu droit de mentir par humanité », in *Œuvres philosophiques*, Gallimard, coll. « Bibliothèque de la Pléiade », 1986, tome III

La complainte du désamour

Philip Roth, *Professeur de désir*

David Kepesh est professeur de littérature comparée dans une université de la côte Est des États-Unis. Lors d'un séjour à Prague, il se rend en pèlerinage sur la place de la vieille ville où Franz Kafka et son grand ami Max Brod faisaient autrefois leurs promenades vespérales. Il s'assied sur un banc, sous un lampadaire. Lui revient alors en mémoire *Rapport pour une académie*, la nouvelle de Kafka où un singe, s'adressant à une assemblée de savants, commence son discours par ces mots : « Distingués membres de l'Académie, vous m'avez fait l'honneur de me convier à relater devant vous ce qu'a été ma vie antérieure en tant que singe. »

Inspiré par la souveraine fantaisie kafkaïenne, Kepesh compose les premières pages d'une introduction onirique à son séminaire. Aux distingués membres du cours de littérature 341, il annonce, dans ce rêve éveillé, son intention de divulguer les aspects les plus intimes de sa vie personnelle. Divulgation cependant ne veut pas dire déballage. Kepesh expose donc, au préalable, les règles et les procédures qu'il entend faire respecter. Nous sommes en 1975, et ce catalogue est peut-être plus stupéfiant, plus incongru encore que la promesse de retracer l'histoire des désirs du professeur. « Les conventions qui régissent normalement les relations entre étudiants et professeur sont celles que j'ai toujours suivies même dans l'atmosphère turbulente de ces dernières années. On m'a dit que j'étais l'un des derniers professeurs à s'adresser en classe à ses élèves en les appelant monsieur ou mademoiselle plutôt que par leurs prénoms. Et quelle que soit la façon dont vous choisissez de vous accoutrer – en mécanicien-garagiste, clochard, bohémien de salon ou voleur de bétail –, je préfère apparaître devant vous pour enseigner en veston et cravate. »

Le texte que je viens de citer n'est pas tout à fait conforme à la version française officielle de *Professeur de désir*. Je me suis fort heureusement reporté au texte anglais et j'ai pu ainsi corriger un contresens fatal. Là où Philip Roth dit prénoms, *given names*, le traducteur écrit « noms de famille » : « J'étais l'un des derniers professeurs à s'adresser en classe à ses étudiants en les appelant monsieur ou mademoiselle plutôt que par leurs *noms de famille*. » Or l'usage en classe du patronyme avait exactement la même fonction que l'usage de *mister* ou *miss* : rompre avec le cocon familial, séparer l'espace scolaire de l'espace privé. Le *Zeitgeist*, l'esprit décontracté du temps ne peut donc vouloir l'un contre l'autre. Ce qu'il veut, c'est rabattre par la généralisation de l'usage du prénom l'être institutionnel de chacun sur son être individuel. Autrement dit, la signification du passage est perdue. Perdus aussi les mots-thèmes, les métaphores récurrentes puisque, chaque fois, ils sont traduits de manières différentes. Ajoutez à cela, la négligence – l'adjectif « punitif » qui se retrouve traduit par « primitif » – ou l'ignorance : Le *Je et* le *Tu* de Martin Buber par exemple, paul-gérardisé en *Moi et Toi* et vous aurez une faible idée du désastre. Un abîme sépare *The Professor of Desire* et *Professeur de désir*. Le premier est un des plus grands romans d'amour du XXe siècle, le second est le même après vandalisation.

1911-2011 : la maison Galllimard célèbre son centième anniversaire en grande pompe et bien légitimement. C'est le moment ou jamais de mettre fin à ce scandale. Car « c'est vraiment un scandale, comme dit Péguy ; et c'est donc un mystère ; et c'est vraiment le plus grand mystère de la création temporelle : que les (plus grandes) œuvres du génie soient ainsi livrées aux bêtes (à nous messieurs et chers concitoyens) ; que pour leur éternité temporelle, elles soient ainsi perpétuellement remises, tombées, permises, livrées, abandonnées en de telles mains, en de si pauvres mains : les nôtres […] À chaque instant, nous sommes libres de dire et de faire des bêtises, mon pauvre ami, et nous en faisons, ce n'est rien de le dire. »

Depuis le discours imaginé par Kepesh sous son lampadaire praguois, l'usage des prénoms en démocratie s'est généralisé de haut en bas de la société : Lula, Angela, Nicolas, Ségolène, Martine, François, l'infortuné Dominique et Marine, l'inquiétante petite dernière. Tout le monde est logé à la même enseigne. Tout le monde n'est pas sympa, Dieu sait, mais tout le monde est *cool*. Kepesh voyait naître la déferlante. C'est pourquoi, il élevait des digues : pas de familiarité, pas de promiscuité, aucun laisser-aller. Distance, distinction, dissymétrie, mise en scène. Chacun son rôle. Le professeur se démarque de l'étudiant, l'étudiant se distingue du professeur, il se distingue aussi de lui-même : il se détache de l'être qu'il est, il sort du cercle de ses préoccupations. On a besoin de protocole dans les temps démocratiques pour permettre cette sortie et pour empêcher l'égalité de virer à l'indifférenciation.

Kepesh cependant réserve une autre surprise à ses étudiants. Son plaidoyer pour les formes s'accompagne d'une hostilité déclarée au formalisme qui prévaut alors sur les campus : « Vous découvrirez (sans tous approuver) que je ne suis pas d'accord avec certains de mes collègues qui nous affirment que la littérature, dans ses moments les plus valables et les plus fascinants, est "fondamentalement non-référentielle". Je peux venir me présenter devant vous en veste et cravate, je peux, en m'adressant à vous, vous appeler mademoiselle ou monsieur, mais je vais néanmoins vous prier de vous abstenir de parler de "structure", de "forme" et de "symboles" en ma présence. » Les collègues dont parle Kepesh découvrent et propagent alors les lumières de la sémiologie. Ils enseignent avec Barthes que ce qui se passe dans le récit n'est, du point de vue référentiel, réel, à la lettre, *rien* : « Ce qui arrive, c'est le langage tout seul. L'aventure du langage dont la venue ne cesse jamais d'être fêtée. » C'est dans le discours d'idées, dans la communication ordinaire, disent-ils après Riffaterre, que les mots désignent les choses. En littérature, l'unité de sens n'est pas le mot mais le texte, et les mots perdent leurs références particulières pour jouer les uns avec les autres. À l'effet de sens ainsi produit, Riffaterre donne le nom de « signifiance ». Un nom, un concept, très vraisemblablement banni par l'inflexible Kepesh. Pourquoi cette raideur ? Pourquoi cette chasse aux mots savants ? Pourquoi cette interdiction catégorique du vocabulaire spécialisé ? Pour rapatrier les livres sur la terre de l'expérience. À ceux qui considèrent la *mimesis*, la représentation comme un archaïsme ou une illusion et qui voient dans la réduction de l'esthétique au linguistique un progrès décisif de la théorie littéraire, Kepesh oppose l'espoir têtu que les romans et les nouvelles inscrits au programme de son séminaire permettront aux étudiants d'enrichir leur connaissance de la vie « sous ses aspects les plus étonnants et les plus scandaleux ». Il n'y a donc pas de contradiction entre le rejet du formalisme et la défense des formes. Le formalisme substitue au monde de la vie un monde textuel de procédés narratifs et de figures de discours ; les formes permettent de retrouver le chemin du monde de la vie. Il faut décoller de soi, renoncer à la pure expressivité pour pouvoir réfléchir à ce qu'il en est de soi, des autres, de la condition humaine.

J'ai lu pour la première fois *Professeur de désir* à sa sortie en 1977. J'avais vingt-huit ans et j'étais *visiting assistant professor* au département de français de l'université de Berkeley. Je n'étais pas dépenaillé mais je ne portais pas de cravate et l'idée ne me serait jamais venue d'appeler mes étudiants *madam* ou *sir*. J'étais un lecteur assidu de Barthes et de Genette. Je tenais de Maurice Blanchot que « l'œuvre n'est là que pour conduire à la recherche de l'œuvre » et de Michel Foucault que « la spécificité de la littérature consiste à se recourber dans un perpétuel retour sur soi, comme si son discours ne pouvait avoir pour contenu que de dire sa propre forme ». Sous le regard sévère de ces géants de la modernité, je me tenais à carreau. J'étais bardé de concepts opératoires et je répétais docilement ma leçon d'autotélisme : la visée du texte, c'est le texte. Cette docilité cependant me pesait. Je me sentais à l'étroit. *Je ne reconnaissais pas mon amour de la littérature dans mon enseignement de la littérature.* Kepesh m'invitait à sortir de l'hypocrisie. J'étais tenté bien sûr, mais me manquaient cruellement le courage, la philosophie, les mots mêmes de cette réconciliation. Je ne savais pas fendre l'armure de mon savoir tout neuf. Il m'a fallu plus de trente ans et quelques autres rencontres intellectuelles pour que je puisse m'assigner la tâche de lire *Professeur de désir* de Philip Roth comme Kepesh, son narrateur et son héros lit Tolstoï, Mann, Flaubert ou Tchekhov. Et pour oser dire à mon tour à mes étudiants : « Chers amis, n'oubliez jamais ces instants précieux ! Pourquoi ? Parce que lorsque vous aurez quitté l'université, les gens ne vont plus jamais – ou si rarement – vous parler ou vous écouter comme nous parlons et nous écoutons tous ici, dans cette petite pièce nue où veille l'esprit [...] Je doute que vous vous rendiez compte à quel point il est émouvant de vous entendre parler avec autant de sérieux et de réflexion de solitude, maladie, désirs, regrets, souffrance, illusion, espoir, passion, amour, terreur, corruption, calamité, mort... Émouvant, parce que vous avez dix-neuf ou vingt ans, parce que vous vivez presque tous dans de confortables foyers bourgeois et sans trop d'expériences destructrices à votre actif – mais aussi parce que, tristement, c'est peut-être la dernière chance qui vous reste de méditer et d'approfondir ces forces inexorables auxquelles le temps venu vous devrez faire face, que cela vous plaise ou non. »

David Kepesh est donc un spécialiste ou plus précisément un lecteur admiratif de Tchekhov. Il lui a même consacré un essai dont il a emprunté le titre à l'une de ses nouvelles les plus significatives : *L'Homme à l'étui*. Le personnage principal du récit est professeur de grec dans une petite ville de la Russie profonde et il a ceci de singulier qu'il ne sort jamais, même par très beau temps, sans son parapluie et ses caoutchoucs. Il est, en outre, immanquablement couvert d'un chaud pardessus ouatiné : « Son parapluie était dans un fourreau, sa montre dans un étui en peau de chamois grise et quand il sortait son canif pour tailler un crayon, il le retirait également d'un étui. Et même sa figure semblait être dans un étui car il la dissimulait toujours dans son col relevé. [...] Bref, on observait chez cet homme le désir constant et irrésistible de se mettre à l'abri dans une enveloppe, de se créer, pour ainsi dire, un étui qui l'isolât, le protégeât des influences extérieures. La réalité l'irritait, l'effrayait, le tenait en état de perpétuelle alarme. »

Cette perpétuelle alarme explique son goût des langues anciennes : elles ne bougent plus, elles sont ce qu'elles sont à jamais, elles ne réservent aucune mauvaise surprise, c'est-à-dire aucune surprise tout court. Pour lui, toutes les surprises sont mauvaises. Le mauvais, c'est la surprise. Bélikov, puisque tel est son nom, n'a pas la phobie de tel ou tel objet ou chose, il a la phobie de l'événement. Son idéal tient en trois mots : « Pourvu que rien n'arrive. » Et il use, pour s'en approcher, de deux stratagèmes. Le premier, modeste, consiste à s'isoler du monde et à rentrer dans sa coquille, dans son étui. Le second, conquérant, vise à enserrer le monde lui-même dans un étui de règles et de contraintes. Toute infraction le plonge dans l'abattement ; toute autorisation le panique. Il veut, à force de restrictions et d'interdits, éliminer la contingence, étouffer dans l'œuf du Même le moindre soupçon, le moindre frémissement d'altérité. Bélikov n'est pas philosophe mais il sait qu'on ne peut pas être à la fois libre et souverain car la liberté, c'est aussi la liberté des autres et donc leur pouvoir d'échapper à notre contrôle. Il choisit donc, contre la liberté, la souveraineté crispée sur un monde immobile. Et l'homme à l'étui a régné, nous dit le narrateur de cette nouvelle. Il a tenu pendant quinze ans le lycée et même la ville entre ses mains : « Nos dames n'organisaient pas de spectacles privés le samedi, de crainte qu'il ne l'apprît ; et les membres du clergé étaient gênés, en sa présence, de manger de la viande et de jouer aux cartes. Sous l'influence d'hommes comme Bélikov, on se mit en ville, au cours de ces dix ou quinze dernières années, à avoir peur de tout. Peur de parler haut, d'envoyer des lettres, de nouer des relations, de lire, d'aider les pauvres, d'apprendre aux autres à lire et à écrire… »

Et puis, un jour, ce qui aurait pu ne pas se produire se produisit. La contingence perturba l'ordre de l'existence. Un nouveau professeur d'histoire et de géographie fut nommé au lycée. Il était ukrainien, il s'appelait Kovalenko et il ne vint pas seul mais accompagné de sa sœur, Varia. Bélikov tombe sous le charme de cette femme qui chante de belles romances dans une langue dont la douceur et la sonorité agréable lui rappellent le grec ancien. Un conflit surgit alors en lui entre l'amour et l'amour du Même. L'être ou l'étui ? Telle est sa question. Il se dispose à choisir l'être mais il opte finalement pour l'étui après avoir vu passer Kovalenko à bicyclette suivi de sa sœur rouge, morte de fatigue et débordante de gaieté. Terrifié par cette inconvenance, abasourdi par cette fantaisie – des gens comme il faut à vélo ! –, Bélikov se rend chez le nouveau professeur pour lui demander des explications. Évidemment, la discussion s'envenime. Kovalenko, rouge de colère, saisit son censeur « par le haut du col et Bélikov dégringole au bas de l'escalier dans un bruit de caoutchoucs ». À ce moment, Varia rentre en compagnie de deux dames. Elle le voit se relever, elle le reconnaît et elle éclate d'un rire sonore. Bélikov ne se remet pas de ce rire, il s'alite et il meurt. « Dans son cercueil, il avait une expression douce, agréable, gaie même comme s'il était heureux d'avoir été enfin mis dans un étui dont il ne sortirait jamais. Oui, il avait enfin atteint son idéal. » La mort ou le règne accompli, total, définitif du Même.

Il y a bien quelque chose de pathologique dans l'aversion de Bélikov pour l'extériorité, pour l'immédiateté, pour tout ce qui, dans la vie, est autre que la loi. Mais l'homme à l'étui n'est pas seulement *cet* homme. Tout homme enfermé, qu'il le veuille ou non, dans le cercle d'une existence monotone est un homme à l'étui. C'est la leçon universelle que tire son premier auditeur de cette histoire extraordinaire qui lui est contée : « Habiter la ville dans son air confiné, à l'étroit, écrire des papiers inutiles, jouer au whist, n'est-ce pas vivre dans un étui ? Passer son temps au milieu d'oisifs, de chicaneurs, de femmes bêtes, futiles, lire et écouter toutes sortes de balivernes, n'est-ce pas vivre dans un étui ? »

Vivre dans un étui : rien ne fascine tant Kepesh parce que rien ne lui fait si peur. Bien avant de lire Tchekhov, il a choisi d'être l'anti-Bélikov. Tout ce que Bélikov repousse – l'aventure, l'imprévu, l'exubérance –, il se propose de l'accueillir.

Temptation est le premier mot de *Professeur de désir*. *Temptation comes to me first in the conspicuous personage of Herbie Bratasky, social director, bandleader, crooner, comic, and m.c. of my family's mountainside resort hotel.* « La tentation vient d'abord à moi sous la forme du personnage tapageur, tonitruant de Herbie Bratasky, directeur, chef d'orchestre, chanteur de charme, humoriste et maître de cérémonie de l'hôtel de montagne tenu par ma famille. » Bélikov était scandalisé de voir passer à bicyclette un notable de la ville et sa sœur toute joyeuse. Kepesh est captivé par l'imitateur de génie capable de restituer tous les bruits de la terre, des plus nobles aux plus scatologiques. Il ne rate pas la bicyclette de la fantaisie, il la suit, il saute sur le porte-bagages, il imite l'imitateur et, une fois à l'université, il développe ses dons en faisant du théâtre. Un jour cependant, jouer la comédie lui apparaît comme l'activité la plus absurde, la plus futile, la plus pathétiquement narcissique qui soit. Il a soudain le sentiment qu'en considérant le monde comme un public, il se ferme à la richesse du monde. D'autres tentations le sollicitent autrement dit, que la tentation de se montrer. Éros réclame son dû et ce n'est pas l'autoérotisme de l'acteur qui peut le satisfaire. L'exubérance en lui se détourne de l'exhibitionnisme et va chercher de nouveaux modèles. Troquant Herbie Bratasky pour Byron, « studieux le jour et la nuit dissolu », pour Steele, « libertin parmi les érudits, érudit parmi les libertins », et pour le séducteur de Kierkegaard, l'étudiant brillant et appliqué qu'est devenu David Kepesh court après les filles. Plutôt que dissolu, il préfère dire *desirous*, brûlant de désirs. Il n'est pas à Venise après tout, mais sur un campus de l'État de New York et ce désir, il refuse de l'enserrer dans l'étui des sentiments convenables. Il ne se laisse pas intimider, autrement dit, par la métaphysique ambiante. Au lieu d'affirmer la primauté du spirituel, il idéalise emphatiquement le corps. Il reprend à son compte le grand dualisme platonicien mais en le renversant. Ainsi se lance-t-il avec les jeunes filles qu'il cherche à séduire dans des échanges qui relèvent à la fois de l'éloge et du défi. « C'est mon corps, rien de plus. Je ne veux pas avoir de rapports avec toi à ce niveau. – Tu n'as pas de chance. Personne n'y peut rien.

Ton corps est sensationnel. – Ah, ne recommence pas sur ce ton. – Ton cul est sensationnel. – Je t'en prie ne sois pas grossier. Tu ne parles pas comme ça en classe. J'adore t'écouter, mais pas quand tu m'insultes de cette façon. – T'insulter ? C'est un grand compliment. Tu as un cul merveilleux. Parfait. Ça devrait te griser d'en avoir un pareil. – Il me sert simplement à m'asseoir, David. – Tu parles ! Demande donc aux filles qui ne l'ont pas comme toi si elles ne sont pas prêtes à faire l'échange. Ça pourrait te ramener à la réalité. – Je t'en prie, arrête de te moquer de moi et de me lancer des vannes. *Je t'en prie ; vraiment.* – Je ne me moque pas de toi. Personne ne te prend plus au sérieux que moi. Ton cul est un chef-d'œuvre. »

David Kepesh laisse aux autres troubadours le soin de célébrer le visage, ce miroir de l'âme. Il sera, lui, le poète de la croupe. Cette audace effraie. Elle plaît aussi. Le lyrisme paradoxal de Kepesh a en effet quelque chose de grisant. Son excitation est contagieuse. Ses compliments offusquent et tout ensemble troublent leurs destinataires. Reste que le nombre de ses conquêtes est dérisoire. « Je n'ai réussi la pénétration complète que dans deux cas et une demi-pénétration en deux autres occasions. » Le résultat n'est décidément pas à la hauteur de ses efforts et de sa créativité. Pourquoi ? Parce que Kepesh est venu au monde un peu trop tôt. Il est né à la mauvaise date. Il a vingt ans quelque vingt ans avant le grand assaut de la jeunesse occidentale contre l'ordre sexuel. L'heure de la libération du désir et de la jouissance sans entraves n'a pas encore sonné au cadran de l'histoire. Sur le campus de Kepesh, l'ambition dominante des filles est, comme le dira Philip Roth dans un roman plus tardif, *Indignation*, de « rétablir avec un étudiant sérieux et pourvu d'une situation, le type même de vie familiale dont elles étaient provisoirement coupées en faisant leurs études. Et cela, le plus rapidement possible ».

Reproduire le modèle familial ancien, assurer la perpétuation du Même, placer le désir en résidence surveillée, n'est-ce pas précisément ce que Tchekhov appelle *vivre dans un étui* ? Kepesh ne peut se résoudre à ce destin. Il se réclame de Byron mais il aurait pu citer Blake tout aussi bien : « Le désir non suivi d'action engendre la pestilence » ; « N'attends que du poison des eaux stagnantes » ; « Plutôt étouffer un enfant au berceau que de bercer d'insatisfaits désirs. » Et comme entre les élans et les objets du désir, le monde auquel il appartient ne cesse d'interposer ses arguments et ses obstructions, Kepesh doit quitter l'Amérique pour accoster aux rives d'éros. Une bourse Fulbright l'envoie poursuivre ses études à Londres. Là, il se rend dans un restaurant scandinave. « La mythologie de la Suédoise et de sa liberté sexuelle au cœur de ces années-là vient d'atteindre son plein rayonnement et en dépit du scepticisme qu'ont suscité en moi les histoires d'insatiables appétits et d'étranges tendances que j'entends raconter à l'université, je laisse joyeusement tomber mes études sur la Scandinavie ancienne pour découvrir par moi-même la part de vérité de ces émoustillantes spéculations scolaires. » Dans ce restaurant, Le Soleil de minuit, David Kepesh rencontre Elisabeth Elverskog. Il la séduit par ses imitations désopilantes. Il n'aura pas été pour rien finalement le disciple fasciné d'Herbie Bratasky. Elisabeth et David couchent ensemble et bientôt la colocataire d'Elisabeth, Birgitta, se joint à leurs ébats. C'est le temps béni des plaisirs débridés et de l'expérimentation sexuelle. Nul tabou ne les retient. Nulle sublimation ne les distrait de l'assouvissement de leurs fantasmes. Ils s'enivrent de repousser les limites. Lancés dans une quête éperdue de l'intensité, ils ne se laissent arrêter ni par la pudeur ni par la prudence. Ils font ce qu'ils veulent et même ce qu'ils n'auraient jamais imaginé vouloir. Délaissant les cajoleries et les tendres préambules, ils s'initient mutuellement à la volupté des étreintes brutales. Le désir suivi d'action engendre l'extase. Soudain, pourtant, le drame. Elisabeth tente de mettre fin à ses jours en se portant au-devant d'un camion. Elle s'en tire avec un bras fracturé et après ce qui est désigné par euphémisme comme l'accident, elle retourne en Suède dans sa famille. Ainsi donc elle participait à leurs jeux érotiques mais c'était pour elle une aliénation et non une émancipation. « J'étais amoureuse de quelqu'un et ce que je faisais n'avait rien à voir avec l'amour. »

L'amour ne se laisse pas aussi aisément déconstruire que ne le pensait Kepesh. Le sujet amoureux n'est pas nécessairement un sujet désirant qui s'ignore ou qui se raconte des histoires. Il arrive certes que l'amour capture le désir et l'enferme dans un étui mais ce qui est arrivé à Elisabeth est d'un tout autre ordre. Alors même qu'elle semblait mener allégrement campagne contre le conformisme bourgeois, elle a fait la douloureuse expérience du *conformisme pulsionnel*. En bon petit soldat scandinave de la libération des corps, elle a refoulé l'amour sous le désir et elle a fini par ne plus pouvoir supporter cette censure inversée.

Bouleversé par le geste d'Elisabeth, Kepesh en vient à caresser le rêve d'aller la rejoindre en Suède. Mais il préfère, selon ses propres termes, « la fournaise au foyer ». Et visitant la France en compagnie de Birgitta, il goûte avec elle et des partenaires de passage, les joies inépuisables du triolisme. Un autre rêve alors vient le hanter : prostituer la consentante Birgitta pour voir jusqu'où peut aller leur camaraderie sexuelle. Mais, à force de transgression, il a oublié ses saintes maximes. Le voici dissolu et la nuit et le jour. Libertin perpétuel, il a délaissé les bibliothèques. Le devoir alors se rappelle à son bon souvenir ou bien peut-être est-ce la nostalgie, en pleine fureur libidinale, de ce que les anciens désignaient sous le nom de *libido sciendi*. Il décide en tout cas de retourner seul en Amérique pour se remettre sérieusement au travail. Il voulait vivre, c'est-à-dire céder sans honte et sans remords aux tentations que condamne la morale courante mais une voix intérieure s'élève et lui murmure que la contemplation, la méditation, l'érudition, la rumination, l'austérité de l'étude, c'est aussi la vie.

Kepesh est sur le point de passer son ultime diplôme de littérature comparée quand, deuxième grande étape de son éducation sentimentale, il rencontre Helen Baird. Tout les oppose. À dix-huit ans, elle s'est enfuie pour Hong-Kong avec un journaliste buriné qui avait le double de son âge. Là-bas, dans cette ville de tous les dangers, elle a rencontré un homme d'affaires riche et puissant qui, après plusieurs années d'une liaison torride, a fini par lui proposer de l'aider à se débarrasser de sa femme. Elle n'a pas voulu franchir le pas. Elle est donc rentrée en Californie où elle raconte son histoire à un David Kepesh ébahi. Nous partageons, nous les lecteurs, son ébahissement. Nous ressentons même un léger malaise, une pointe de déception. Que viennent faire ce scénario aussi rebattu qu'improbable, ce pittoresque éculé, ce décor à la James Bond, tous ces poncifs et tout ce clinquant dans un roman de Philip Roth ? L'auteur du *Complexe de Portnoy* ne nous avait pas habitués à mettre le tampon du déjà-vu sur ses personnages et ses intrigues. Et puis, nous comprenons soudain que le monde réel n'est pas immunisé, sous prétexte qu'il est réel, contre l'exotisme bon marché de la mauvaise littérature : les clichés parfois dissimulent la réalité ; parfois aussi, ils s'abattent sur elle. Ce que décrit Philip Roth, c'est l'intrusion brutale d'un film de série B dans l'existence d'un universitaire trop raffiné pour jamais en voir.

L'aventurière et oisive Helen Baird n'incarne pas l'idée de la femme fatale mais son stéréotype. Kepesh en est tout à fait conscient. Il ne sait pas si ce qu'elle dit est vrai ou faux. Ce qu'il sait, c'est que même si c'est vrai, cela sonne faux ; même si c'est authentique, c'est en toc. Lucidité sans effet. Jamais il n'a connu une femme aussi captivante physiquement. Elle est pour lui si belle que « sur elle, sur elle seule se concentrent toutes ses aspirations, toute son adoration, toute sa curiosité, toute sa concupiscence ». L'ère du papillonnage s'achève ou s'interrompt. Kepesh est amoureux. En vain fait-il le compte de tout ce qui en Helen le déçoit ou l'horripile : il l'a dans la peau. Son amour n'est pas aveugle, son amour ne lui ferme pas les yeux. Et puis après ? Qu'est-ce que ça change ? Cet amour se décline sur le mode du « Je sais bien mais quand même ». Après trois ans de réticences et d'atermoiements, le « mais quand même » finit par l'emporter : David Kepesh épouse Helen Baird, le professeur convole avec la Belle Dame sans Merci. Le « Je sais bien » cependant n'est pas réduit au silence. Très vite, il repart en campagne et, à l'épreuve du quotidien, il n'y a plus d'attraction qui tienne : le mariage périclite, le « mais quand même » doit reconnaître sa défaite. Pour le dire avec les mots de Maïakovski, « le canot de l'amour se brise contre la vie courante ». La vie courante, c'est, par exemple, le moment, banal et crucial entre tous, du petit-déjeuner. « Pourquoi, demandé-je, ne peut-on préparer les toasts *pendant* que les œufs cuisent plutôt qu'*avant* ? Ainsi nous pourrions manger nos toasts chauds plutôt que froids. – Je ne crois pas que je vais accepter cette discussion. Les toasts, ce n'est pas la vie, s'écrit-elle pour finir. – Si justement, je m'entends soutenir. Quand tu t'assois pour manger des toasts, les toasts, c'est la vie, etc., etc.

L'amour de Kepesh se distingue de l'amour de Swann en ceci qu'Helen lui plaît et qu'elle est son genre. Mais l'amour de Kepesh, comme l'amour de Swann, ne découle pas des qualités qu'il reconnaît à celle qui est devenue sa femme. Il ne lui en reconnaît quasiment aucune. Il n'aime pas Helen parce qu'elle est digne d'être aimée. Il l'aime sans l'estimer, il l'aime malgré lui, il l'aime bien qu'elle ne soit pas aimable. Idiotie de l'amour fou.

Idiotie et entêtement : quand après les péripéties évidemment rocambolesques les deux époux en viennent à se séparer, Kepesh est complètement perdu. Il est même frappé d'impuissance. Cet état lui fait honte. Il consulte un psychanalyste. Et comme la solitude est propice aux regrets, il s'accuse sur le divan d'avoir tout gâché et de n'avoir pas su être un mari pour Helen. Le Dr Klinger intervient alors et terrasse l'hydre renaissante du « mais quand même » en lui opposant non pas, comme on aurait pu s'y attendre, une interprétation sophistiquée, mais cette tautologie salutaire : « Un toast froid est un toast froid. »

Cela l'aide mais cela ne le sauve pas. Un poète résident de son université, Ralph Baumgarten, tente alors de lui redonner le goût de la débauche. Ce dragueur aussi impétueux que talentueux est capable d'accoster n'importe quelle femme dans n'importe quelle rue. *When you get out there on the street, open up.* « Quand tu vas là-bas dans la rue, ouvre-toi. » *That's what streets are for.* « C'est pour ça qu'il y a des rues, c'est à ça que les rues servent. » Cette attitude fait scandale. Les collègues de Baumgarten sont choqués de le voir afficher effrontément ces belles éphémères et, d'ailleurs, ils s'empressent de ne pas renouveler son contrat. Oh certes, ils ne sont pas bégueules : la révolution sexuelle a eu lieu. Ils ne lui reprochent pas d'en prendre à son aise avec l'institution matrimoniale. Ils lui en veulent de traiter les femmes comme des proies et d'attenter ainsi au principe démocratique de l'égalité entre les sexes.

Kepesh, qui n'a pas oublié ses frasques européennes, éprouve un sentiment de sympathie et même de fraternité pour le proscrit du nouvel ordre moral. Pourtant, ce n'est pas en suivant les conseils amicaux de ce poète antisentimental que le professeur déprimé trouve le chemin de la guérison. C'est – troisième moment de son roman d'éducation – quand il rencontre Claire Ovington. Elle a vingt-quatre ans. Elle est aussi attirante physiquement qu'Helen Baird, mais là s'arrête la ressemblance. Il aimait Helen en dépit du bon sens. Il aime Claire pour ce qu'elle est, pour ses qualités, sa sensualité mais aussi sa curiosité – elle se passionne pour les œuvres qu'il fait lire à ses élèves –, sa sérénité, son aptitude magique à réenchanter les gestes les plus ordinaires de la vie de tous les jours. Il y a dans son inclination autant d'estime que de convoitise, autant d'admiration que de volupté. Ce n'est pas Kepesh qui ferait à Swann la réponse lyrique de l'Aurélien d'Aragon : « L'important, ce n'est pas la femme. C'est l'amour. » L'amour, cet amour-là, le délivre de sa prison subjective, l'arrache au solipsisme sentimental comme au solipsisme désabusé. L'important, ce n'est pas l'amour, ce n'est pas non plus la femme, c'est *cette femme*, Claire, l'inéchangeable, l'inimitable Claire. Il est émerveillé non par le sentiment qui l'habite, mais par elle et par le monde que sa présence illumine.

Avec Helen, tout était difficile. Avec Claire, *all that is pleases*, « tout ce qui est plaît : l'étang où nous nageons. Notre verger. Les orages. Le barbecue. La musique. Les bavardages dans le lit. Le thé glacé de ta grand-mère. Le choix de la promenade du matin et de celle du crépuscule. Toi, la tête baissée en train d'éplucher des pêches ». Saveur de chaque instant. Effacement de la frontière entre la poésie et la prose. Célébration conjointe de l'autre et de l'être, addition de petits riens, festin de détails, perpétuelle action de grâce.

Mais ce présent paradisiaque, Kepesh le conjugue déjà au passé. Il a la nostalgie de cela même qu'il est en train de vivre. Il porte, pendant l'idylle, le deuil de l'idylle. L'ivresse des commencements à peine dissipée, il voit le mot « fin » s'inscrire. Tout ce qui est plaît, or ce plaisir est gagé sur le désir et le désir inexorablement retombe. L'été, c'est déjà l'automne. « Nous ne *succombons* plus au désir, nous ne passons plus notre temps à nous toucher partout, à nous caresser, nous pétrir, nous palper avec cette soif inextinguible, si étrangère à ce que nous sommes autrement. C'est vrai, je ne suis plus une sorte de bête en chaleur, elle n'est plus une sorte de fille de joie ; nous ne sommes plus, l'un et l'autre, l'obsédé avide, l'enfant dépravée, le violeur infaillible, l'"empalée" malgré elle. Nos dents, naguère lames et pinces, dents féroces de petits chiens ou chats, ne sont plus de nouveau que des dents, nos langues, des langues, les parties de notre corps, des parties du corps. » *Which is, as we all know, how it must be.* « Ce qui est, comme chacun sait, dans l'ordre des choses. » Tout retourne donc à la normale. Cela ne dérange pas Claire. Elle aime l'ordre, elle aime le rangement, elle aime la sécurité. Elle les aime d'autant plus que son enfance et son adolescence ont été empoisonnées par les altercations incessantes de ses parents. Après avoir vécu dans le chaos, elle dresse chaque jour la liste des choses à faire. Elle archive le temps qui passe par des photos quotidiennes. Elle épingle les recettes de cuisine du monde entier au-dessus de l'évier de sa cuisine. On pense à Péguy : « Femmes, je vous le dis, vous rangeriez Dieu même/S'Il descendait un jour dedans votre maison. » On pense à Tchekhov aussi. Il arrive à Kepesh de se sentir enfermé comme dans un étui par la minutie organisationnelle de Claire mais c'est un étui moelleux. C'est une économie de l'existence aussi efficace qu'affectueuse. Il est prêt à se satisfaire de ce régime. Il n'aspire à rien de plus. *No more more...*, promet-il solennellement. Le temps du plus est révolu. Seulement voilà, cette décision n'est pas de son ressort. Il n'est pas souverain en son royaume. Sa Majesté la luxure a un autre agenda.

Kepesh met dans sa passion la même sincérité et la même lucidité que le duc de Nemours. Cet amour ne le trompe pas. Il ne le précipite pas non plus, en toute connaissance de cause, dans une impasse sentimentale. Il lui révèle l'unicité de Claire. Mais c'est écrit : il va dépérir. La finitude est son lot. Kepesh vit, comme il le dit lui-même, *un simple intérim*, et sa vie tout entière ne sera jamais qu'une succession d'intérims. Rien de durable, rien de solide, rien de stable. Le provisoire à perpétuité. La discontinuité comme destin. La fugacité de l'effervescence. Mme de Clèves avait donc raison. Elle voyait juste. Elle avait tort cependant de se réserver le monopole de la souffrance. Je n'aimerai plus, constate Kepesh. Mais ce « je » n'est pas un ego triomphant. Ce « je » observe avec effroi que ses affects sont sur le point de trahir ses intentions et qu'il ne peut rien y faire. Ce duc de Nemours voit l'amour l'abandonner et le laisser seul. Il est brisé par la rupture qu'il prépare, puni par son propre parjure, désespéré de perdre sa princesse au moment même où il se détourne d'elle. D'autres prolongeraient mensongèrement la romance pour différer cette perte. Pas lui. Lui, il précède l'événement. Il se porte au-devant de l'inéluctable. Et il se récite en silence cette brève et crépusculaire complainte du désamour : « C'est stupide ! Absurde ! Injuste ! Être ainsi dépouillé de toi ! Et de cette vie que j'aime et que je commence à découvrir ! Et dépouillé par qui ? Par nul autre que moi-même ! »

Les héros des temps jadis avaient toutes sortes d'ennemis à vaincre. David Kepesh, héros de notre temps, est son propre ennemi. Aucune catastrophe ne vient troubler son bonheur sinon la catastrophe annoncée du désir. Suivant un cheminement amoureux rigoureusement inverse à celui que trace Platon dans *Le Banquet,* il se voit « dévaler le long d'une pente abrupte au bas de laquelle l'attend une caverne froide et solitaire ». Georges Bataille affirme dans *L'Érotisme* que « l'habitude a le pouvoir d'approfondir ce que l'impatience méconnaît ». Kepesh ne croit pas en cette possibilité. Il n'imagine pas non plus que Claire puisse durablement le surprendre, le subjuguer, le séduire. Bientôt, l'excitation diminuera, le charme s'atténuera, le monde se désenchantera. L'émerveillement ne résistera pas à l'intimité, cette intimité fût-elle aussi paisible et harmonieuse avec Claire qu'elle était belliqueuse et exténuante avec Helen. Après la folie, la douceur ; après la douceur, la fadeur. Le désir est voué à l'usure. Le désir ou le désert. L'incandescence ou la routine. L'envie ou l'ennui. Telle est, selon Kepesh, l'unique alternative. Éros n'est pas réductible à la sexualité. Mais au-delà de la sexualité, il n'y a pas d'éros. Ce constat que Kepesh partage avec la grande majorité de ses contemporains est chez lui mélancolique. Il tranche par sa tristesse infinie sur l'euphorie militante de la libération sexuelle. Et Tchekhov à nouveau se présente à l'esprit. L'ancien disciple de Byron et du don Juan kierkegaardien voit fondre sur son avenir avec Claire la terrible phrase finale de *La Dame au petit chien* : « Tous deux savaient que le plus compliqué, le plus difficile ne faisait que commencer. » Sauf que dans son cas, le plus compliqué et le plus difficile, ce ne sont pas les contraintes ni les conventions qui font obstacle à son amour, c'est l'amour lui-même. Il y a donc dans l'amour quelque chose d'absurde et pour penser cette absurdité, Tchekhov est rejoint par Kafka et par Gogol. « Bien sûr, c'est vous qui vivez dans le monde kafkaïen du *Procès* et du *Château*, c'est vous qui êtes en contact direct avec le totalitarisme, dit Kepesh à un intellectuel tchèque rencontré lors de son séjour à Prague, mais si vous permettez, je ne peux comparer l'idée fixe du corps, sa froide indifférence et son mépris absolu du bien-être de l'esprit à une sorte de régime autoritaire rigoureux. »

Contre l'immémoriale primauté métaphysique du spirituel, David Kepesh affirmait crânement les droits inaliénables du corps. Ces droits ont été reconnus. Kepesh a eu gain de cause, mais les êtres humains, et lui parmi eux, ne sont pas au bout de leurs peines car le corps est un despote capricieux qui soumet l'esprit à sa loi, c'est-à-dire à son arbitraire. La révolution sexuelle a eu lieu et c'est un Château aux règlements incompréhensibles et implacables qui se dresse sur les décombres du vieux monde. Pour le dire avec une autre image, nous ressemblons désormais au malheureux personnage de Gogol qui passe dans le journal une petite annonce délirante réclamant le retour du nez qui a décidé de quitter son visage. Nous sommes cet amputé démentiel, et ce nez narquois, ce nez qui n'en fait qu'à sa tête, ce nez fugitif, fantasque, volage, c'est l'amour libéré des anciennes tutelles et inféodé au désir. David Kepesh a beau vouloir explorer la dimension érotique de l'existence en mobilisant toutes les ressources de la littérature et en inscrivant au programme de son séminaire des auteurs sulfureux comme Mishima, Gombrowicz ou Genet, il n'est pas un professeur de désir. Les écrivains sont, selon sa propre expression, les « architectes de son esprit ». Grâce à eux, il se déniaise, il se cultive, il en sait long, mais à quoi bon tout ce savoir ? Ce n'est pas son esprit qui fixe le tempo de son existence. Malgré ses grandes résolutions et ses belles lectures, le désir se joue de lui. Le désir le mène par le bout du nez. Professeur de désillusion alors ? Désenchanteur perspicace du monde subjectif ? Non plus. Le même Kepesh qui décrit l'impossibilité de l'amour durable (et qui théorisera cette impossibilité, trente ans plus tard, dans *La bête qui meurt*) évoque sans pathos ni folklore l'amour indiscutable et indestructible de ses parents.

Abe Kepesh a vingt et un ans quand il rencontre celle qui deviendra sa femme. Il est aide-cuisinier dans un hôtel des Catskill. Il la voit penchée sur un piano, chantant une jolie romance. Aussitôt il se dit : *I'm going to marry that girl*. Il n'a rien d'un jeune premier, il est trapu, ses origines sont modestes, il n'a pas de *class credentials* mais peu importent, à la vérité, ces handicaps. Il est foudroyé par l'évidence et cette révélation guidant sa volonté, il arrive à ses fins : il épouse *that girl,* qui est secrétaire juridique et qui gardera toujours la nostalgie de son ancien patron, M. Clark – « C'était un si bel homme, et si grand et si plein de dignité. » Cette histoire n'est pas une romance à l'eau de rose. M. et Mme Kepesh dirigent ensemble – tâche épuisante – le Hungarian Royale Hotel et à la morte saison, quand la pression se desserre, elle retrouve la saveur de son ancien métier en demandant à son fils de lui dicter des lettres pour qu'elle puisse montrer la maestria de sa sténo. Et puis, quand il est assez grand, elle lui apprend à taper à la machine. « Personne, ni avant ni depuis, ne m'a appris quoi que ce soit avec autant d'innocence et de conviction. » (Sténos, maroquiniers, bijoutiers, bouchers – tous les parents de l'œuvre de Philip Roth sont des incarnations de l'*homo faber*. Il y a chez lui un véritable culte du travail bien fait et de sa transmission.)

Après la rupture avec Helen, les parents débarquent dans l'appartement new-yorkais de leur fils. La mère a apporté des provisions. Elle veut les mettre dans le congélateur et face au spectacle qui se déploie devant ses yeux, elle pousse un gémissement « comme si l'on venait de lui ouvrir la gorge » : « Un petit truc ici, un petit truc là et voilà tout ! s'exclame-t-elle. Regarde-moi ce citron ! Il a l'air plus vieux que moi. Comment te nourris-tu ? » Grave question. Question essentielle : *Grand est le manger*, dit le Talmud. Et, honnis soient les toasts froids, il n'y a pas que les mères qui conçoivent la cuisine comme un message d'amour.

Mais cette mère est en train de mourir d'un cancer. Elle ne le sait pas. C'est son père, désemparé, qui l'apprend à Kepesh. Ou bien, peut-être, le sait-elle, peut-être dit-elle qu'elle a eu un simple point de pleurésie et simule-t-elle l'insouciance pour l'empêcher, lui, de découvrir qu'elle sait. Tact de l'amour. Chacun veut épargner à l'autre l'horrible vérité : « Mes parents sont comme des enfants courageux et sans défense. »

Puis elle meurt. Le père est un homme déterminé. Aucune contrariété ne le décourage. Il est, comme il le dit lui-même, *the man who never says die*, l'homme qui refuse d'abdiquer, l'homme qui ne renonce jamais, qui ne jette jamais l'éponge, littéralement qui ne dit jamais « mort ». Eh bien, cette fois, devant la mort de celle qu'il a aimée et qu'il a gardée, pour parler comme Kierkegaard, « dans la fidèle étreinte de sa résolution », il craque, il s'effondre, il abdique, il jette l'éponge. *He says die when she dies.* Le deuil ne fait pas son travail. Le deuil échoue à le détacher de l'être perdu. Il doit vendre le Hungarian Royale.

Abe et Belle Kepesh n'appartiennent plus au monde de la tradition. Leurs parents ont émigré aux États-Unis fidèles aux coutumes ancestrales. Eux, en revanche, ils sont complètement américains, c'est-à-dire individualistes. Ils n'ont pas fait un mariage arrangé. Ils se sont choisis. Ils ont suivi leur volonté. Mais tel est ce qui apparaît aujourd'hui comme leur anachronisme : *ils ne distinguent pas entre la volonté et le désir.* Rien, pour eux, n'échappe à la conscience. Nulle région de l'âme n'est soustraite à la juridiction de la volonté. La grande question du père, la question inlassable, c'est « Pourquoi ? » Il ne tarit pas de « Pourquoi ? » : « La vérité, confie-t-il à son fils, c'est que je n'ai pas connu une seule bonne nuit de sommeil pendant les trois ans où tu as été marié. – Moi non plus, je te dirai. – Vraiment ? Alors pourquoi diable ne l'as-tu pas tout de suite plantée là ? Et pourquoi es-tu allé de fourrer dans ce pétrin, pour commencer ? » Ce n'est pas tout bien sûr. D'autres interrogations l'assaillent quand il fouille avec une affectueuse indiscrétion l'appartement de son fils esseulé. « David, qu'est-ce que c'est que le Tofrinal, ce grand flacon plein que j'ai vu dans l'armoire à pharmacie ? Pourquoi prends-tu cette drogue ? – C'est un antidépresseur. Du Tofranil [...] – Et *pourquoi* as-tu besoin de ça ? Qui t'a dit de prendre ça et de t'empoisonner la santé ? – Un psychiatre. – Tu vas voir un psychiatre ? – Oui. – *Pourquoi ?* s'écrie-t-il. » Et pourquoi a-t-il sous-loué l'appartement où il vit à un homosexuel dont l'ami éconduit ne cesse maintenant de sonner à son interphone ? Pourquoi ? Pourquoi ? Pourquoi ? Ce père est une véritable *avalanche de pourquoi*. Ni l'absurde, ni l'aléa, ni l'inconscient n'ont de place dans son univers mental. Nulle rose n'est sans pourquoi. Nulle épine non plus. Tout est explicable car tout est rationnel. Et si *nihil est sine ratione*, rien n'est sans remède. Chacun doit savoir ce qu'il veut, le faire et s'y tenir. Il y a une grande naïveté psychologique dans une telle approche des choses mais peut-être cette naïveté produit-elle sa propre psychologie. Peut-être façonne-t-elle une humanité à sa ressemblance et peut-être est-elle nécessaire à la naissance et à la pérennité de l'amour conjugal.

Kepesh n'est pas naïf, il ne pense pas comme son père, il ne croit plus aux vertus heuristiques ni thérapeutiques de la question « Pourquoi ? » Il ne dit pas « Tofrinal » pour « Tofranil ». Il est renseigné, il sait à quoi s'en tenir et que son désir ne se confond pas avec sa volonté. Il prend acte de cette scission et quand il rêve d'aimer autrement, d'aimer à la manière ancienne, c'est sous la forme d'un fantasme d'adoption.

Au plus fort de la tourmente avec Helen, il remarque la tendre, sérieuse, potelée fille juive de Beverly Hills qui est assise au premier rang de son séminaire et qui note fidèlement toutes ses paroles. Et tout d'un coup le désir l'étreint de demander à cette Kathie Steiner qui n'a que dix ans de moins que lui, de devenir sa fille. Ainsi, il prendra soin d'elle. Il veillera à ce qu'elle ait une existence sûre et abritée. Il paiera ses robes. Et elle viendra se blottir dans ses bras quand elle se sentira seule et mélancolique. Pour celui qui aurait voulu être le professeur de désir, les vertus modestes et triviales de l'amour conjugal ne peuvent s'incarner que dans l'amour parental.

Ce rêve reste évidemment un rêve. Et quelques années plus tard, le père de David Kepesh vient lui rendre visite à lui et à Claire dans la maison qu'ils ont louée à la campagne. Il est accompagné d'un autre veuf qui est devenu tout récemment un ami intime, M. Barbatnik. M. Barbatnik a survécu aux camps de concentration. Comment avez-vous fait ? demande Kepesh. « Ils ne pouvaient pas tuer tout le monde. Cela je le savais. Quelqu'un devait s'en sortir, ne fût-ce qu'une personne. Et je me disais, cette personne, ce sera moi. » D'autres, bien sûr, se sont tenu le même raisonnement et ils ont été exterminés. Mais, affirme le père, celui-là, s'il écrivait un livre, il devrait s'appeler *The Man who never says die.* Après la guerre, M. Barbatnik s'est remarié et sa femme est morte d'un cancer. « Elle n'était même pas malade. Un soir, après le dîner, elle faisait la vaisselle. J'allais mettre la télé en marche, quand tout à coup, j'entends un grand bruit dans la cuisine. "Viens m'aider, ça ne va pas !" Je me précipite dans la cuisine. Elle était par terre. "Je ne pouvais plus tenir le glas", me dit-elle. Elle avait dit glas au lieu de plat. Rien que ce mot-là m'a donné le frisson. Et ses yeux, c'était affreux. J'ai tout de suite su qu'elle était condamnée. Deux jours plus tard, on nous a dit que le cancer était dans le cerveau. Et c'est arrivé comme ça. »

Kepesh a le cœur serré. Le chagrin l'envahit. En même temps qu'il voit fuir sa passion pour Claire en ce week-end ensoleillé du premier mai, il se dit que les deux survivants qu'il abrite sous son toit, sont eux-mêmes en sursis. Que leurs jours sont comptés et qu'un monde, une manière résolue d'être, d'aimer et d'habiter la terre va s'éteindre avec eux.

Il n'érige pas ce passé en modèle. Il le pleure, c'est tout. De l'exubérance à l'élégie, telle est sa trajectoire. Et sa philosophie, si tant est qu'il en ait une, s'apparente à celle que, dans sa brillante dissertation de fin d'année, la petite Kathie Steiner prête à Anton Tchekhov : « Nous naissons innocents. Nous éprouvons de terribles désillusions avant d'accéder à la connaissance puis nous redoutons la mort – et seuls nous sont donnés des bonheurs fragmentaires pour apaiser notre souffrance. »

Bibliographie

Philip ROTH, *Professeur de désir*, traduit de l'anglais par Henri Robillot, Gallimard, 1979
—, *Indignation*, traduit de l'anglais par Marie-Claire Pasquier, Gallimard, 2010
Charles PÉGUY, « Clio, Dialogue de l'histoire et de l'âme païenne », in *Œuvres en prose complètes*, Gallimard, coll. « Bibliothèque de la Pléiade », 1992, tome III
—, « Ève », in *Œuvres poétiques complètes*, Gallimard, coll. « Bibliothèque de la Pléiade », 1975
Anton TCHEKHOV, *L'Homme à l'étui*, traduit du russe par Édouard Parayre, in *Œuvres*, Gallimard, coll. « Bibliothèque de la Pléiade », 1971, tome III
—, *La Dame au petit chien*, *ibid.*
William BLAKE, *Le Mariage du Ciel et de l'Enfer*, traduit de l'anglais par André Gide, José Corti, 1965
Georges BATAILLE, *L'Érotisme*, Minuit, 1957

Louis ARAGON, *Aurélien,* Gallimard, coll. « Folio », 1986

Søren KIERKEGAARD, *Stades sur le chemin de la vie,* traduit du danois par Paul-Henri Tisseau et Else-Marie Tisseau, Robert Laffont, 1993

Par-delà le romantisme

Milan Kundera, *Œuvre*

Kundera définit le roman comme l'art ironique. Et quel est l'objet par excellence de son ironie de romancier ? L'amour.

Le premier personnage kunderien à utiliser la formule « Je t'aime » s'appelle Fleischman. Il est étudiant en médecine. La veille de cette déclaration, une petite fête a eu lieu dans la salle de garde de l'hôpital où Fleischman fait son stage. L'infirmière Elisabeth, après avoir bu plus qu'il ne convient à une infirmière, s'est montrée d'une coquetterie aguicheuse avec le Dr Havel. Celui-ci, pourtant grand collectionneur de femmes, a repoussé sans ménagement ses avances. Quand Elisabeth sort momentanément pour faire quelques piqûres, le patron du service dit à Havel son étonnement et sa réprobation : « On vous connaît. Vous êtes comme la mort, vous prenez tout. Mais puisque vous prenez tout, pourquoi est-ce que vous ne prenez pas Elisabeth ? »

Fleischman, qui est allé chercher une bouteille de vin, revient alors dans la salle. Il pose la bouteille sur la table. Il plante le tire-bouchon dans le bouchon puis il l'enfonce, puis il extrait le bouchon. Ces gestes anodins qu'on fait d'ordinaire sans y penser, l'étudiant les accomplit pensivement, rêveusement, lentement. « Une lenteur, nous dit Kundera, qui atteste plutôt que de la gaucherie, l'admiration nonchalante avec laquelle le jeune étudiant en médecine regarde attentivement au fond de son être, négligeant les détails insignifiants du monde extérieur. » Ce jeune homme, autrement dit, a ceci de remarquable qu'il ne s'oublie jamais. Il est perpétuellement dédoublé. Tout ce qu'il fait, il se regarde le faire. Il se mire et s'admire dans chacun de ses gestes, dans chacune de ses actions. Même quand il fume, il contemple le fumeur. Sans doute, cette admiration est-elle teintée d'angoisse. Fleischman s'épie et s'étudie pour surprendre son être mais il ne voit rien, rien d'identifiable, rien de solide, rien de substantiel. À défaut de consistance, ce Narcisse éperdu se donne donc une contenance et cet effort absorbe toute son attention. S'il était lui-même alors il pourrait lever la tête et regarder le monde. Mais il est jeune, c'est-à-dire vague, flou, sans contours car sans expérience. Aussi n'a-t-il d'yeux que pour son insaisissable image.

« Tout ça ne rime à rien, dit alors le Dr Havel. Ce n'est pas moi qui repousse Elisabeth, c'est elle qui ne veut plus de moi. Hélas, elle est folle de Fleischman. » Les autres protagonistes du « Colloque » reprennent la blague au bond et Fleischman, lui, tombe des nues. Il tombe aussi dans le panneau. Cette révélation l'embarrasse : il a jeté son dévolu sur la doctoresse qui a une liaison avec le patron. Mais il ne doute pas de sa véracité. Elle est trop flatteuse pour être fausse. Et il est trop accaparé par sa propre existence pour comprendre ce qui se trame autour de lui. Il prend donc un air de froideur blasée quand, à son retour, Elisabeth mime un strip-tease et quand lassée par l'indifférence du Dr Havel, elle quitte la salle de garde sur ces mots : « Goujats ! Goujats ! Si vous saviez. Mais vous ne savez rien. Vous ne savez rien. »

Quelques minutes plus tard, Fleischman découvre la jeune femme évanouie et nue dans la salle de repos des infirmières. Le robinet à gaz est ouvert. Il le ferme précipitamment et il court avertir les autres. Elisabeth a-t-elle voulu mettre fin à ses jours ? S'est-elle endormie après avoir absorbé les somnifères que le Dr Havel lui avait donnés en l'assurant qu'il s'agissait de cachets pour la tenir éveillée ? L'histoire ne tranche pas, mais Fleischman sait à quoi s'en tenir. Tout est clair. Elle l'aimait d'un amour sans espoir. Elle a donc choisi la mort. L'amour, la mort. La mort, critère ultime de l'amour.

Le lendemain, il se rend au chevet d'Elisabeth, un bouquet de fleurs à la main. « Elisabeth, Elisabeth, ma chérie, c'est pour toi que j'ai apporté ces roses. » Elisabeth le fixe d'un air hébété : « Pour moi ? – Oui, pour toi. Parce que je suis heureux d'être ici avec toi. Parce que je suis heureux que tu existes. Elisabeth, peut-être que je t'aime. » Peut-être. Fleischman ne s'engage pas. Mais quoique flanqué d'un adverbe dubitatif et prudent, son « je t'aime » est un fervent merci. Narcisse n'est plus frustré. Une belle et pleine et glorieuse image apparaît enfin dans son miroir intime. L'image d'un homme élu par un amour grand comme la mort.

Voici maintenant Jaromil, le poète adolescent de *La vie est ailleurs*. Jaromil et l'étudiante admirative qu'il rencontre à la sortie d'un meeting. Ils se plaisent. S'aiment-ils ? Avant même de le savoir, ils connaissent la partition et ils déduisent leur comportement de ce que le mot « amour » leur commande de ressentir. Ils vivent sous la tutelle et sous la dictée du Grand Vocable. Ils sont les dociles exécutants d'une idée resplendissante. Cette idée, Jaromil, qui n'a jamais connu l'amour mais qui en a d'autant plus entendu parler qu'il se destine à la poésie, lui avait déjà donné corps. Dans un de ses premiers textes, « les amants s'étreignaient au point de s'incruster l'un dans l'autre et de ne plus former qu'un seul être qui, incapable de se mouvoir, se muait lentement en minéral et durait éternellement sans subir l'épreuve du temps ». Aussi, quand elle dit d'une voix sereine et grave : « Je crois qu'en amour, il n'y a pas de compromis, quand on s'aime, il faut tout se donner », il lui répond un peu plus tard, comme en écho : « L'amour signifie tout ou rien. L'amour est total ou n'est pas. » Pas de demi-mesures ; pas de petits arrangements avec la réalité ; pas de concessions à la prose des jours. Ce sont les bourgeois qui transigent et qui sacrifient la passion à l'intérêt. Il n'y a d'amour véritable que fou, c'est-à-dire absolu et inconditionnel.

Entre ces deux déclarations cependant, il s'est passé quelque chose. Le poète est devenu jaloux. Un jour, ils ont rendez-vous mais elle n'arrive pas. Il est au supplice, il attend. En proie à un « tumulte d'angoisse », pour parler comme Barthes dans les *Fragments du discours amoureux*, il fait les cent pas devant son immeuble. Elle arrive enfin et il lui fait une scène. Confuse, elle dit d'abord, pour justifier son retard, qu'elle vient de chez une copine qui avait pris la décision douloureuse de rompre avec son ami et qu'elle n'avait pu la quitter, cette copine, avant de l'avoir consolée. Mais cette excuse n'apaise pas Jaromil. Sa fureur, au contraire, augmente. Affolée, elle change de version. Elle dit qu'elle n'était pas chez une copine mais chez son frère, que celui-ci s'apprêtait à partir et qu'elle devait lui faire ses adieux. Partir ? Mais pour aller où ? demande, suspicieux, Jaromil. Et la petite étudiante rousse finit par avouer que son frère avait décidé de passer illégalement la frontière. C'est alors qu'un autre *tout ou rien* se présente à l'esprit de Jaromil.

Nous sommes en 1948 à Prague. La passion révolutionnaire a envahi la scène politique. La modération n'est plus de mise. Le temps des compromis et des négociations est passé. L'heure de vérité a sonné. C'est la lutte finale. Il y a deux camps, deux blocs, deux humanités même et selon l'expression de Paul Nizan, « dans un monde brutalement divisé en maîtres et serviteurs, il faut enfin avouer une alliance longtemps cachée avec les maîtres ou proclamer le ralliement au parti des serviteurs ». On ne peut plus tergiverser. L'amour et la révolution, la radicalité poétique et la radicalité politique se liguent et se relancent en Jaromil pour demander à son étudiante d'aller dénoncer le traître. « L'amour est total ou n'est pas. Moi, je suis de ce côté-ci et il est de l'autre côté. Toi, tu dois être avec moi et pas quelque part au milieu entre nous. Et si tu es avec moi, tu dois faire ce que, moi, je fais, vouloir ce que, moi, je veux. » Jaromil répète ici, sans le savoir, le cri de John Keats : « Tu dois être mienne ou mourir sur la roue si je le veux. » Et il poursuit : « Pour moi, le sort de la révolution est mon sort personnel. Si quelqu'un agit contre la révolution, il agit contre moi. Si nos ennemis ne sont pas tes ennemis alors tu es mon ennemi. » Non, non, proteste la jeune fille rousse : elle n'est pas son ennemie. Elle refuse pourtant d'obtempérer. Elle ne veut pas sacrifier son frère aux deux absolus, l'amour et la révolution, qui le réclament. Mais alors, il n'y aurait pas d'absolu ? La politique pourrait être relative ? Et l'amour, mou ? Des liens naturels pourraient concurrencer les affinités électives ou entraver les projets de la volonté ? Cette idée est insupportable à Jaromil. À bas les tièdes ! Mort au donné ! Et le poète va lui-même à la police.

Puis il court chez l'étudiante. Elle n'est pas là, il l'attend devant son immeuble et, dissimulé derrière une porte cochère, il assiste à son arrestation.

Jaromil est horrible. Fleischman est risible. Mais ils sont l'un et l'autre obnubilés par l'amour ou par l'idée qu'ils s'en font. Et cette obnubilation les rattache à la grande héroïne du romantisme européen, Bettina von Arnim. Kundera, dans *L'Immortalité*, raconte et commente les rapports entre Goethe et Bettina. Elle était la fille de Maximiliane La Roche, la femme dont Goethe avait été amoureux quand il avait vingt-trois ans. Se sentant destinée au grand homme, elle fit son siège dès qu'elle le rencontra au printemps 1807. Elle avait vingt-deux ans. Ils ne se virent en tête-à-tête que trois ou quatre fois, guère davantage. Ils devinrent pourtant, du fait de leur correspondance, des amants célèbres : « Moins ils se voyaient, plus ils s'écrivaient. Ou plutôt, pour être précis, *elle* lui écrivait. Elle lui adressa cinquante-deux longues lettres où elle le tutoyait en ne parlant que d'amour. » Mais que veut dire ne parler que d'amour ? Justement cela : Bettina ne parlait pas de Goethe à Goethe. Elle ne lui posait aucune question. Elle lui parlait d'amour. « Mon Dieu, imaginez qu'on vous ait permis d'échanger des lettres avec lui ! Sur quoi ne l'auriez-vous pas interrogé ! Sur tous ses livres. Sur les livres écrits par ses contemporains. Sur la poésie. Sur la prose. Sur la peinture. Sur l'Allemagne. Sur l'Europe. Sur la science et sur la technique. Vous l'auriez poussé dans ses derniers retranchements et amené à préciser ses attitudes. Vous vous seriez disputé avec lui, pour le contraindre à formuler ce qu'il n'avait jamais dit jusqu'alors. » Mais Bettina n'était pas curieuse. Elle était trop occupée par sa flamme pour s'intéresser à son objet. Conclusion de Kundera : « La cause et le sens de son amour n'étaient pas Goethe mais l'amour. »

L'ardente Bettina incarne mieux que personne ce qui est à la fois la grandeur et le travers de notre civilisation. En donnant au thème amoureux une place prépondérante et même centrale, cette civilisation a favorisé l'apparition d'un type humain particulier, l'*homo sentimentalis*, l'homme sentimental ou, plus précisément, l'homme qui révère ses sentiments et son moi sensible. Bref, nous avons, nous autres Européens, redoublé l'amour par *l'amour de l'amour* au risque de substituer celui-ci à celui-là. Comme Fleischman, comme Jaromil, comme Bettina, comme le grand poète Aragon à qui la femme de sa vie écrit sur le tard une lettre bouleversante avec ces mots terribles : « Le plaisir normal de faire quelque chose ensemble, tu ne le connais pas » et surtout : « même ma mort, c'est à toi que cela arriverait ». Tout à sa folie, le fou d'Elsa oublie Elsa. C'est son désir qu'il désire. C'est son sentiment qu'il adore. L'amour de l'amour a effacé la destinataire de l'amour.

Il revient au roman, art ironique, d'avoir photographié ce phénomène. La scène se passe dans *L'Éducation sentimentale*. Frédéric Moreau est rentré chez lui après une soirée mondaine en présence de Mme Arnoux. « Son visage s'offrait à lui dans la glace. Il se trouva beau – et resta une minute à se regarder. » Une minute ! « Dans cette mesure précise du temps, commente Kundera, il y a toute l'énormité de la scène. Il s'arrête, il se regarde, il se trouve beau, pendant toute une minute, sans bouger. Il est amoureux, mais il ne pense pas à celle qu'il aime, ébloui qu'il est par lui-même. » Frédéric Moreau aime Mme Arnoux mais plus que Mme Arnoux, il aime l'amour, il aime son amour, il aime l'image de lui-même que cet amour lui renvoie.

Il y a, dans l'œuvre de Kundera, une réponse à cette complaisance, une alternative à cet éblouissement. Il y a, autrement dit, des briseurs de miroirs. Et notamment le quadragénaire de *La vie est ailleurs*. Ce personnage, extérieur à l'intrigue, surgit tardivement. Il est le héros météorique de la sixième partie du roman. Nous ne savons pas son nom mais que c'est un homme dans la quarantaine, qu'il a fait la guerre dans l'aviation britannique, que sa femme est morte dans un bombardement et, comme on estime qu'il a noué des contacts trop étroits avec l'Angleterre capitaliste, qu'il travaille dans un atelier d'usine « le dos tourné à l'histoire et à ses représentations dramatiques, le dos tourné à son propre destin, tout occupé de soi-même, de ses divertissements privés et de ses livres ». Le quadragénaire a donc choisi la voie du libertinage. Aucun *tout ou rien* n'a de prise sur sa vie. La radicalité, quelque forme qu'elle prenne, lui est odieuse. Il fuit les antithèses politiques et parce qu'il tient à préserver l'ordre et la tranquillité de ses aventures, la seule chose qu'il exige de ses maîtresses, c'est qu'elles ne lui parlent pas de sentiment. Tant mieux si elles ont par ailleurs des liaisons sérieuses, il se sent alors plus en sécurité.

Mais voici que cet ordre est soudain troublé par un coup de sonnette intempestif. C'est, nous le comprenons très vite, la petite amie de Jaromil. Elle vient d'être relâchée après trois années d'emprisonnement. Elle raconte son histoire au quadragénaire. Le jour fatal, elle s'était attardée chez lui, plus longtemps qu'elle n'en avait l'intention. Son petit ami était fâché à mort. Elle avait senti qu'elle ne pourrait se faire pardonner qu'en invoquant une excuse à la mesure de sa colère. Elle avait donc inventé l'histoire de l'adieu à son frère qui s'apprêtait à franchir clandestinement la frontière. Le quadragénaire lui apprend en retour, ainsi qu'au lecteur, que son petit ami, le poète, est mort. Elle est désorientée, perdue. Comment expliquer aux siens que ce n'est pas elle qui a dénoncé son frère en l'accusant d'un crime imaginaire ? Elle pleure. Les larmes, en général, répugnent au quadragénaire. Il y voit non l'expression mais l'ostentation du chagrin. Non un aveu de faiblesse mais un moyen de pression et même de chantage. Ce qui est fait pour l'émouvoir, l'irrite. Il ne veut pas céder à la tyrannie du lacrymal. Mais les larmes de la jeune fille ne sont ni un stratagème, ni même un message. Loin de toute réclamation, de toute proclamation, de toute hystérie, « elles se contentaient d'être simplement et pour elles-mêmes ». Le quadragénaire essuie ces larmes muettes et mates, ces larmes qui coulent *sans rien dire*. Et comme les situations possèdent leurs propres automatismes, il se fait plus pressant. En vain. Les lèvres de la jeune fille restent closes. Il comprend qu'« on lui a arraché l'âme et qu'après cette amputation, il ne lui restait qu'une blessure sanglante ». Alors, il l'installe délicatement dans le lit, il s'allonge à côté d'elle, il lui caresse les cheveux, le front, le visage jusqu'à ce qu'elle s'endorme. C'est tout. Il ne s'est presque rien passé. Ce chapitre est un moment de grâce à l'abri de la politique absolue et de l'amour absolu : « Une pause tranquille, écrit Kundera, où un homme inconnu a allumé soudain la lampe de la bonté. » Si le quadragénaire fait preuve de bonté, c'est parce qu'il est sensible et il est d'autant plus sensible qu'il n'est pas, ou plus, sentimental.

La vie est ailleurs est parue en France en 1973. À cette date, la misère sexuelle était dénoncée, et *peine-à-jouir*, comme le rappelle Annie Ernaux dans *Les Années*, l'insulte capitale. Le discours du plaisir était omniprésent. Le plaisir plutôt que l'amour. Le plaisir contre l'ordre bourgeois. Le plaisir contre la conjugalité. Le plaisir contre la culpabilité. Le sacre païen du printemps contre les principes étouffants de la morale judéo-chrétienne. *Nous sommes tous des judéo-crétins*, disait-on alors pour bien signifier qu'on appartenait à une génération qui était en train de secouer le joug de cette oppression ancestrale. L'hédonisme farouche du quadragénaire ne heurtait donc pas l'esprit de l'époque.

Ce qui pouvait choquer en revanche, et ce qui surprend aujourd'hui encore, c'est le lien établi entre son âge – nous ne le connaissons que sous ce nom, le quadragénaire – et son choix d'existence. Dans le monde dont parle Annie Ernaux, la jeunesse est l'âge d'or du désir et la maturité, le commencement de la décrépitude. Dans ce monde, l'intensité est magnifiée, le vieillissement frappé d'opprobre. Ce n'est plus aux jeunes qu'il revient de devenir adultes, c'est aux adultes qu'il incombe de rester jeunes en se mettant à l'école de l'exubérance et de la fureur de vivre.

L'art de vivre kunderien déroge à ce schéma et son œuvre jette sur les avatars de notre condition érotique un tout autre éclairage que le grand récit de la libération sexuelle. Au moment où l'on instruit le procès des vieux et du vieux monde, elle désigne, cette œuvre – c'est même l'un de ses motifs les plus insistants –, la jeunesse comme « le stupide âge lyrique où l'on est à ses yeux une trop grande énigme pour pouvoir s'intéresser aux énigmes qui sont en dehors de soi et où les autres (fussent-ils les plus chers) ne sont que des miroirs mobiles dans lesquels on retrouve, étonné, l'image de son propre sentiment, son propre trouble, sa propre valeur ». Le poète qui est, nous dit Kundera, « celui qui offre à l'univers son autoportrait avec la volonté que son visage saisi sur l'écran des vers soit aimé et adoré », s'installe dans cet âge. Il s'y incruste même. Le quadragénaire, au contraire, s'en extirpe. Au lieu de s'aimer dans ce qu'il aime et de s'enchanter de son moi tendre, tourmenté, rebelle, il ouvre les yeux sur le monde extérieur. Et son regard est désir. Chez lui, éros et maturité, éros et humanité, éros et civilisation vont de pair. C'est l'arrachement à la vie jeune qui le mène sur la voie de la vie bonne, au sens moral et au sens voluptueux du terme.

La critique kunderienne de l'attitude lyrique se précise et s'approfondit dans *L'Insoutenable Légèreté de l'être*, avec l'opposition entre deux types de coureurs de femmes : le coureur romantique qui, projetant sur les femmes son idéal féminin, ne sort jamais de lui-même et le coureur épique ou libertin qui n'a pas d'*a priori*, pas de modèle et qui n'est jamais déçu car c'est la diversité qui le passionne. Tomas, le héros de *L'Insoutenable Légèreté de l'être*, appartient à la deuxième catégorie, à la catégorie antilyrique. Il éprouve à chaque nouvelle conquête « le sentiment radieux de s'être une fois de plus emparé d'un fragment du monde ». Il est donc un « collectionneur de curiosités ». Mais il n'est pas que cela. Comme le quadragénaire, il a des maîtresses régulières et il donne à la relation qu'il entretient avec celles-ci, le nom d'*amitié érotique*. Arrêtons-nous un instant sur cette expression. À l'encontre de notre romantisme ou de notre lyrisme spontanés, Kundera affirme à travers son personnage la supériorité de la sobriété sur l'extase – nul n'a jamais chanté l'amitié folle – et il conteste l'immémoriale séparation du territoire de l'amitié et de celui d'éros. L'amitié érotique est la réponse libertine à la religion de l'amour.

Mais Kundera n'en reste pas à cette alternative. Dans un café d'une petite ville de Bohême, Tomas rencontre la serveuse Tereza. Ils passent une heure ensemble. Quelques jours après, elle vient le rejoindre à Prague. Ils font l'amour. Dans la nuit, elle a un accès de fièvre. Elle reste une semaine chez lui, malade, puis convalescente. Il éprouve alors un « inexplicable amour » pour cette fille qui lui est presque inconnue.

Tomas est déconcerté. Cet événement n'est pas au programme. Cet amour perturbe ses plans et de surcroît, il ne ressemble guère au Grand Amour exploré par les penseurs et célébré par les poètes. Tomas n'a pas le sentiment de retrouver l'autre moitié de lui-même. Et l'image qui s'impose à lui pour caractériser son envoûtement ne doit rien à la littérature du coup de foudre. « Il lui semblait que c'était un enfant qu'on avait déposé dans une corbeille enduite de poix et lâché sur les eaux d'un fleuve pour qu'il le recueille sur la berge de son lit. »

Que faire ? Doit-il laisser cette rencontre fortuite bouleverser sa vie ou sa vie doit-elle poursuivre son cours ? Vaut-il mieux être avec Tereza ou rester seul ? Tomas hésite. Il dresse la liste des six improbables hasards qui ont mis Tereza sur sa route. Et il philosophe : « L'homme ne peut jamais savoir ce qu'il faut vouloir car il n'a qu'une vie et il ne peut ni la comparer à des vies antérieures ni la rectifier dans des vies ultérieures […] Tomas se répète le proverbe allemand *einmal ist keinmal*. Une fois ne compte pas, une fois n'est jamais. Ne pouvoir vivre qu'une fois, c'est comme ne pas vivre du tout. »

Tomas, autrement dit, découvre à ce moment crucial l'insoutenable légèreté de l'être. Ou, du moins, le croit-il. En fait, il s'était libéré de toute allégeance. Divorcé, il ne voyait plus sa femme, ni son fils dont elle avait la garde, ni ses parents qui lui tenaient rigueur de cette double rupture, et le voici soudain *alourdi* par l'amour. Quelqu'un est apparu dont il a reçu inopinément et mystérieusement la charge. Face à Tereza, il a frémi de compassion. Une compassion qui n'est pas la pitié condescendante ou confortable pour l'être souffrant mais la faculté singulière de ressentir, comme si elles étaient les siennes, toutes les émotions de l'autre, d'être touché dans sa chair par ses joies, ses maladies, ses chagrins. « La pitié est douce, écrit Rousseau, parce qu'en se mettant à la place de celui qui souffre, on sent pourtant le plaisir de ne pas souffrir comme lui. » L'expérience de Tomas est d'un tout autre ordre. Il tremble pour Tereza. Quand il la voit souffrir, il ne se félicite pas subrepticement d'être épargné par ce qui lui arrive. La compassion ne ratifie pas l'écart qui existe entre eux, elle l'abroge. Est-ce un art ou une forme de folie ? Tomas se trouve doué ou atteint de *télépathie affective*. Avant Tereza, il était lui-même, rien que lui-même et il protégeait jalousement son intégrité. Maintenant, il est plus que lui-même. Il est habité, il est aliéné, il est obsédé : il est otage. Sans prévenir, sans crier gare, *sa liberté a viré en responsabilité*. Il avait voulu et su dégager éros de sa gangue sentimentale mais c'était sans compter avec l'amour désintéressé auquel la tradition judéo-chrétienne a donné le nom d'*agapè*.

Kundera ne me le pardonnera peut-être jamais mais je prends le risque, pour éclairer la relation nouée par Tomas avec Tereza, de citer Joseph Ratzinger, *alias* Benoît XVI : « Même si initialement l'éros est surtout sensuel, lorsqu'il s'approche ensuite de l'autre, il se posera toujours moins de questions sur lui-même. Il cherchera toujours plus le bonheur de l'autre, il se préoccupera toujours plus de l'autre. Il se donnera et il désirera être pour l'autre. C'est ainsi que le moment d'*agapè* s'insère en lui. » *Agapè* est l'invité surprise de *L'Insoutenable Légèreté de l'être* et devant *agapè*, l'ironie de Kundera rend les armes.

Tomas accueille donc chez lui Tereza avec sa lourde valise. Mais il ne met pas un terme à ses infidélités. L'amour unique cohabite en lui avec les amitiés érotiques. Tereza souffre : pour apaiser sa souffrance, il l'épouse. Elle souffre toujours. Nous sommes en 1968 : les chars russes font leur entrée dans Prague. Un autre malheur s'empare de Tomas et Tereza. Ce malheur collectif a d'abord quelque chose d'excitant. Les deux époux sont distraits d'eux-mêmes par l'euphorie de la haine. Mais la grande transe unanime ne dure que quelques jours. L'ivresse rapidement se dissipe. La fièvre tombe. Quand le pays entre dans le quotidien de l'humiliation, Tomas, qui est chirurgien, accepte la proposition du directeur d'une clinique de Zurich et il émigre en Suisse avec Tereza.

Au bout de sept mois, il trouve une lettre sur la table. Tereza lui annonce qu'elle le quitte parce que sa jalousie ne l'a pas quittée et qu'elle ne veut plus être un poids pour lui. Elle rentre donc à Prague. Tomas est d'abord soulagé de se retrouver seul et libre. Il hume à pleins poumons la délicieuse légèreté de l'être : « L'aventure était à chaque coin de rue. L'avenir redevenait un mystère. » Mais très vite, la compassion se réveille, la légèreté pèse à Tomas et il rejoint, captif d'*agapè*, son pays captif.

À Prague, il mène, sans la moindre duplicité, la double vie d'un amoureux transi et d'un mari volage. Devenu laveur de carreaux, à cause d'un article jugé subversif, il multiplie les occasions de rencontres et de conquêtes. Et ce don Juan insatiable en remontre à Tristan : à la différence du philtre avalé par le chevalier courtois qui cesse d'agir au bout de trois ans, son amour pour Tereza est indéfectible. Cet amour apporte un vivant démenti à la loi énoncée, après la princesse de Clèves, par Julie, l'Héloïse de Jean-Jacques Rousseau : « Il n'y a point de passion qui nous fasse une si forte illusion que l'amour. On prend sa violence pour un signe de sa durée : le cœur surchargé d'un sentiment si doux s'étend pour ainsi dire sur l'avenir et tant que cet amour dure, on croit qu'il ne finira point.

Mais au contraire, c'est son ardeur même qui le consume, il s'use avec la jeunesse, il s'efface avec la beauté, il s'éteint sous les glaces de l'âge et depuis que le monde existe, on n'a jamais vu deux amants aux cheveux blancs soupirer l'un pour l'autre. »

Les cheveux de Tomas ne sont encore que grisonnants mais le « tourment délicieux » qu'il éprouve ne peut pas s'user avec la jeunesse, s'effacer avec la beauté, s'éteindre sous les glaces de l'âge. Ce qui l'attache à Tereza, ce n'est pas seulement sa beauté si fragile, c'est sa fragilité elle-même. Ce n'est pas son éclat passager, c'est le fait banal et déchirant qu'elle est de passage. Il n'aime pas en elle des qualités qui vont mourir, il souffre pour elle, avec elle, *avant* elle de la mortalité de son être. Puisqu'il est amour du périssable, cet amour ne peut pas s'étioler ni dépérir. La disparition même de l'être aimé ne saurait y mettre fin. Le mort en effet est plus fragile que le mortel. Le mort est un mortel hyperbolique. « Le mort est sous terre donc plus bas encore que le vieillard, écrit Kundera dans *L'Immortalité*. Un vieillard se voit encore reconnaître les droits de l'homme. Le mort au contraire les perd à l'instant de son décès. Aucune loi ne le protège contre la calomnie. Sa vie privée cesse d'être privée. »

La responsabilité pour l'être aimé ne meurt donc pas avec celui-ci. Elle s'exacerbe, elle s'alourdit, elle devient plus pressante encore. C'est du moins ainsi que Josef, l'un des héros du dernier roman de Kundera, *L'Ignorance*, vit les choses. Sa femme, qu'il a rencontrée au Danemark, pays de son émigration, est morte. Ce qui veut dire qu'elle est désormais une femme absolument sans défense. Elle n'a plus de pouvoir, elle n'a plus d'influence. « On ne respecte plus ses souhaits ni ses goûts. La femme morte ne peut rien vouloir, aspirer à aucune estime, réfuter aucune calomnie. Jamais il n'avait ressenti pour elle une compassion aussi douloureuse que lorsqu'elle fut morte. » Pourquoi survivre, se dit-il en substance, sinon pour elle qui ne survit pas ? Elle n'a que lui désormais. Elle s'est remise entre ses mains. Après un pénible bras de fer avec sa belle-famille, il réussit à la faire enterrer dans un caveau à eux (« Une tombe pour deux comme une calèche pour deux »). Il renonce même à pousser plus avant une aventure amoureuse à Prague où il est retourné après la chute du communisme : mû par une invincible compassion et par une fidélité déraisonnable, il prend l'avion pour le Danemark.

Freud nous a appris à considérer le deuil non comme l'état d'affliction provoqué par la mort d'un proche mais comme le travail précisément destiné à nous sortir de cet état. « Je crois, écrit Freud, qu'il n'y aura rien de forcé à se représenter le travail qu'accomplit le deuil de la façon suivante : l'épreuve de réalité a montré que l'objet aimé n'existe plus et dicte l'exigence de retirer toute la libido des liens qui la retiennent à cet objet. » Ainsi, après avoir achevé le travail du deuil, « le ténébreux, le veuf, l'inconsolé, le prince d'Aquitaine à la tour abolie » redevient libre et sans inhibitions. Avec Freud, le deuil n'est plus mélancolique mais remède à la mélancolie.

Cette nouvelle définition a été unanimement adoptée. La leçon a même été si bien entendue, le cours freudien d'économie libidinale si parfaitement assimilé qu'à chaque accident, à chaque tragédie, à chaque procès criminel, les survivants piaffent, les familles des victimes réclament impatiemment, hargneusement, de pouvoir *faire enfin leur deuil*. Et l'on fait son deuil aujourd'hui comme on fait ses besoins. On se vide, on se déleste du mort, on l'évacue afin de réintégrer, dans les meilleures conditions et dans les plus brefs délais, le monde trépidant des vivants. C'est le travail inverse qui est à l'œuvre dans les romans de Kundera.

Tamina, l'inoubliable personnage du *Livre du rire et de l'oubli*, est serveuse dans un petit café d'une ville de province à l'ouest de l'Europe. Comme Josef, le héros de *L'Ignorance*, elle est veuve. Son mari, avec qui elle a quitté Prague illégalement, est tombé malade et elle a regardé, impuissante, la mort le lui prendre lentement. Le respect de la réalité lui impose maintenant de faire son deuil. Mais au lieu d'écouter la voix de la raison, elle demeure obstinément et absurdement fidèle au défunt. Ce n'est pas une question de principe, ce n'est pas une décision qu'elle prend, c'est une obligation qui s'empare d'elle. Vivant, son mari était « gai, brillant, fort ». Il lui aurait été plus facile de le tromper alors, que maintenant où il est à sa merci. Le néant de la mort est le dénuement suprême, et ce dénuement exerce sur Tamina une autorité irrécusable : « Chaque fois qu'elle imaginait, et elle imaginait souvent, de se déshabiller devant un homme, elle avait devant elle l'image de son mari. Elle savait qu'alors elle le verrait, elle savait qu'elle verrait son visage et ses yeux qui l'observaient. »

Une autre trahison cependant menace : l'oubli. Les souvenirs de Tamina peu à peu s'estompent. Son passé est de plus en plus pâle. Elle continue d'aimer par-delà la tombe mais elle perd progressivement de vue celui qu'elle aime.

L'image de son mari s'efface irrévocablement. Tout cède et rien ne tient bon. Tout passe et rien ne demeure. Alors Tamina combat pied à pied l'infidélité de sa mémoire. Elle défie par un incessant travail sur soi le travail dissolvant de l'usure. Elle multiplie les exercices pour empêcher le présent de recouvrir cet îlot d'inactualité qu'est son amour. Ainsi s'astreint-elle à reconstituer leurs vacances, leurs Noëls, leurs Nouvel an et à dresser la liste de tous les noms qu'il lui avait donnés : « Il ne l'avait appelée par son vrai prénom que les quinze premiers jours. Sa tendresse était une machine à fabriquer continuellement des surnoms. »

Mais elle n'y arrive pas toute seule. Elle mène contre le temps, contre la loi héraclitéenne du devenir une lutte à armes inégales. Pour accomplir le travail du deuil qui consiste à redonner au passé son corps perdu, elle a besoin des journaux intimes et des lettres qu'elle a laissés à Prague. Elle décide de demander à l'une ou l'autre de ses nouvelles relations dans cette ville de province à l'ouest de l'Europe où elle habite maintenant d'aller chercher pour elle le précieux paquet.

Tamina tente d'abord sa chance avec Bibi, une jeune femme qui lui parle d'elle jour après jour et qui lui dit, au détour d'une conversation, ou plutôt d'un monologue, son intention d'aller à Prague en été avec son mari pour les vacances. L'époque est révolue où l'on considérait les émigrés d'Europe centrale comme des traîtres à la Révolution. L'opinion, reine du monde, leur est devenue favorable : elle les a pris sous son aile. Bibi accepte donc sans hésiter de rendre ce service à Tamina : « Pour toi, n'importe quoi ! » dit-elle avec empressement. Mais elle change bientôt de programme estival. De toute façon, Bibi n'a qu'une idée en tête : écrire. Non pas écrire pour elle-même ou pour ses proches, comme Tamina, mais, comme tout le monde désormais, écrire un livre sur elle-même ou sur le monde tel qu'elle le voit. Répondre par l'écriture à l'appel de l'écriture. Écrire, dans toute la majesté intransitive du verbe, pour se faire connaître et reconnaître. Tamina croyait pouvoir compter sur la solidarité d'une amie. Or, avant d'être solidaire, avant d'être amie, Bibi est *graphomane*. Qu'est-ce que la graphomanie ? C'est le lyrisme cauchemardesque des temps démocratiques : « Chacun s'entoure de ses propres mots comme d'un mur de miroirs qui ne laisse filtrer aucune voix du dehors. »

Après s'être cognée à ce mur invisible, plus hermétique que ne l'était à l'époque le mur de Berlin, Tamina se tourne vers Hugo, un client assidu du café où elle est serveuse. Il la désire violemment. Elle cède mais il ne réussit ni à la captiver ni à l'éblouir. Plus elle se donne, plus elle lui échappe. Son corps est disponible, son âme est hors d'atteinte. Hugo ne supporte pas cette situation. Il a écrit un article sur le pouvoir dans une revue confidentielle. Il en tire pitoyablement argument pour dire à Tamina qu'il ne peut aller chercher son précieux objet pour elle : « Votre police sait qui je suis. Je le sais. »

Tamina *l'anachronique*, Tamina l'inadaptée qui ne va pas de l'avant mais qui refuse de tourner la page, qui ne veut pas offrir à l'univers son autoportrait mais qui veut remettre la main sur ses secrets, qui ne lutte pas pour la reconnaissance mais pour ne rien oublier de l'être qu'elle persiste à aimer alors qu'il n'est plus, Tamina ne récupérera jamais les lettres et les carnets qu'elle a laissés à Prague.

Revenons à Tomas et Tereza. Ils ont une nouvelle fois déménagé et ils se sont installés à la campagne car c'était la seule possibilité d'évasion qui leur restait. Personne ne s'intéressait au passé politique de ceux qui acceptaient d'aller travailler aux champs ou dans les forêts et nul ne les enviait. Après avoir été chirurgien puis laveur de carreaux, Tomas était maintenant chauffeur de camion et Tereza, avec son chien Karénine, menait deux fois par jour au pré les quarante génisses de la coopérative, « paisibles, sans malice, parfois d'une gaieté puérile : on croirait de grosses dames dans la cinquantaine qui feraient semblant d'avoir quatorze ans ». Et le libertinage ne subsiste que sous la forme de la blague rituelle du président de la coopérative qui promène son cochon Méphisto comme un animal de compagnie et qui, chaque fois qu'il croise Tereza, s'écrie : « Madame Tereza, si seulement je l'avais connu plus tôt, on aurait couru les filles ensemble. Aucune femme ne résiste à deux cochons. »

Cette vie placée sous la douce loi de la répétition est idyllique et même paradisiaque : « Au Paradis, quand il se penchait sur la source, Adam ne savait pas encore que ce qu'il voyait, c'était lui. » Et puis Adam est devenu Narcisse : l'homme a commencé sa carrière d'homme. Mais le chien Karénine quand Tereza le conduit devant le miroir ne reconnaît pas son image. Il se regarde « d'un air distrait, avec une incroyable indifférence ». Ce chien, ou plus précisément cette chienne au nom masculin, est l'anti-Fleischman, l'anti-Bettina : son amour pour Tereza est pur de toute hystérie, exempt de toute mise en scène, indemne de tout amour de l'amour. Ses élans et ses effusions sont frappés du sceau de l'innocence. Karénine, en un mot, ignore la réflexivité. Il n'a pas été chassé du Paradis et par lui, comme par les autres animaux de la coopérative, Tomas et Tereza maintiennent avec le Paradis un lien fragile.

Mais Karénine a un cancer. Karénine va mourir. L'idyllique chapitre final de *L'Insoutenable Légèreté de l'être* est aussi le récit déchirant des derniers jours de Karénine. « L'homme meurt, l'animal périt », disait Heidegger. Non, l'animal aussi voit la mort venir. Karénine marche sur trois pattes. Il ne grogne plus (le grognement, écrit Kundera, est « le sourire de Karénine »). Il gémit, il passe de plus en plus de temps couché dans un coin. « Par rapport à l'homme, le chien n'a guère de privilèges mais il en a un qui est appréciable : dans son cas, l'euthanasie n'est pas interdite par la loi ; l'animal a droit à une mort miséricordieuse. » Tomas et Tereza décident donc d'abréger les souffrances de Karénine. Tereza tient sa patte. Le chien n'a pas peur, il ne pense qu'à elle. Il lui lèche deux fois le visage. Et Tomas pique l'aiguille dans le rein.

Dans son ultime essai, *Une rencontre*, Kundera commente le passage d'*Un château l'autre* consacré par Céline à l'agonie de sa chienne :

« Oh, j'ai vu bien des agonies… ici… là… partout… mais de loin, pas des si belles, discrètes… fidèles… ce qui nuit dans l'agonie des hommes c'est le tralala… l'homme est toujours quand même en scène… le plus simple. »

L'homme, autrement dit, se distingue de l'animal par le tralala. Le tralala est le propre de l'homme, de l'homme dans tous ses états : l'amour, la mort, l'engagement. Je cite *L'Immortalité* : « Le garçon qui s'inscrit à vingt ans au parti communiste ou qui, fusil au poing, s'en va rejoindre la guérilla dans les montagnes est fasciné par sa propre image de révolutionnaire. C'est elle qui le distingue de tous les autres, c'est elle qui le fait devenir lui-même. À l'origine de sa lutte, se trouve un amour exacerbé et insatisfait de son moi auquel il désire donner des contours bien nets avant de l'envoyer sur la grande scène de l'Histoire où convergent des milliers de regards. » L'œuvre de Kundera est traversée, à l'inverse, par *la grande fatigue d'être homme*. S'éloigner, s'en aller, s'effacer, ne plus s'offrir mais se dérober aux regards, fuir le vacarme des autres et le tintamarre de son propre moi, sortir de scène : tous les plus beaux personnages kunderiens éprouvent cette tentation et même ce vertige.

Le lendemain de leur émigration, Tamina et son mari se réveillent dans un petit hôtel d'un village des Alpes. Les voici seuls, magnifiquement seuls, ils sont totalement coupés du monde. Aucun tralala ne vient troubler le silence qui règne autour d'eux. « Tamina recevait ce silence comme un don inespéré et elle songeait que son mari avait quitté sa patrie pour échapper aux persécutions et elle, pour trouver le silence, le silence pour son mari et pour elle, le silence pour l'amour. »

Tomas et Tereza aussi sont des déserteurs. Ils refusent de jouer le jeu. Ils se désolidarisent de l'humanité et d'eux-mêmes. Ils quittent une à une les scènes historique et professionnelle où se déroulait leur existence. La campagne est leur dernière halte. Mais le roman de Kundera bouleverse la chronologie. Nous savons depuis longtemps que le camion de Tomas va se renverser dans un ravin et qu'ils vont mourir. S'ajoutant à l'agonie de Karénine, la connaissance de leur mort assombrit encore la description de leur idylle. Elle l'assombrit, elle la colore d'une lumière crépusculaire, mais elle ne la contredit pas. L'idylle résiste à la mort. L'idylle enveloppe la mort. L'idylle culmine même dans la fin tragique et prosaïque, violente et miséricordieuse de Tomas et Tereza.

En terminant la lecture de *L'Insoutenable Légèreté de l'être*, une très ancienne légende m'est revenue en mémoire : l'histoire de Philémon et Baucis. Ce couple de paysans avait reçu dans sa modeste chaumière Zeus et Hermès qui voyageaient incognito, alors que dans toutes les maisons alentour on fermait les verrous. Après avoir envoyé le déluge sur les inhospitaliers, le roi des dieux demanda à Philémon et Baucis ce qu'ils souhaitaient. Philémon répondit : « Puisse la même heure nous emporter tous les deux ! Puissé-je ne jamais voir le bûcher de mon épouse et ne pas être mis par elle au tombeau ! » Ce vœu se réalisa : le jour dit, Baucis vit Philémon se couvrir de feuilles et Philémon vit des feuilles couvrir Baucis. Aujourd'hui encore, lit-on dans *Les Métamorphoses* d'Ovide, l'habitant de Thynos montre deux troncs voisins, nés de leurs corps.

Milan Kundera, qui est le Zeus de son œuvre, a décidé d'accorder à Tomas et Tereza la grâce de mourir ensemble. Il leur a fait cadeau d'un accident fatal. Un accident, non un suicide. Le pathos n'est décidément pas son fort. Mais l'ironie n'est pas son dernier mot. Après avoir implacablement démystifié l'amour romantique, il actualise inopinément le mythe antique de l'humble couple que ni le temps ni même la

```
           RELAY
       Gare SNCF METZ
   BIENVENUE DANS NOTRE MAGASIN
    No. Siret : 54209533601755
*************************************
*       DUPLICATA TICKET            *
*************************************
     ET SI L AMOUR DURAIT    17.00€

   = T O T A L (  1)          17.00€

  ESPECE (PRINCIPALE)          17.00€

         Vente à Emporter

   Taux         TVA.            H.T.
  -------   -------------   -----------
  6> 5.50        0.89           16.11
  Totaux:        0.89           16.11


  004 / 000007 / 10/10/2011 /14:46:04
  Numéro de Ticket :    74.
```

mort ne parviennent à séparer. Et *L'Insoutenable Légèreté de l'être* qui se clôt la veille de l'accident, laisse le lecteur dans un étrange état de tristesse paisible, presque heureuse. Il plaint Tomas et Tereza, il les pleure mais si leur mort l'afflige, sa simultanéité le console et il se surprend même, pour finir, à la regarder comme une chance.

Bibliographie

Milan KUNDERA, « Le colloque », in *Risibles amours*, *Œuvre*, Gallimard, coll. « Bibliothèque de la Pléiade », 2011, tome I
—, *La vie est ailleurs*, *ibid.*
—, *L'Immortalité*, traduit du tchèque par Eva Bloch, in *Œuvre*, Gallimard, coll. « Bibliothèque de la Pléiade », 2011, tome II
—, *Le Rideau*, *ibid.*
—, *L'Insoutenable Légèreté de l'être*, traduit du tchèque par François Kérel, in *Œuvre*, *op. cit.*, tome I
—, *La Plaisanterie*, traduit du tchèque par Marcel Aymonin, entièrement révisé par Claude Courtot et l'auteur, *ibid.*
—, *Le Livre du rire et de l'oubli*, traduit du tchèque par François Kérel, *ibid.*
—, *L'Ignorance*, *Œuvre*, *op. cit.*, tome II
—, *Une rencontre*, *ibid.*

Paul Nizan, *Les Chiens de garde*, Agone Éditeur, 1998
Gustave Flaubert, *L'Éducation sentimentale*, Le Livre de Poche, 2002
Annie Ernaux, *Les Années*, Gallimard, 2008
Benoît XVI, *Dieu est amour, Lettre évangélique sur l'amour chrétien*, École Cathédrale/Parole et Silence, 2006
Jean-Jacques Rousseau, *Julie, ou la Nouvelle Héloïse*, in *Œuvres complètes*, Gallimard, coll. « Bibliothèque de la Pléiade », 1964, tome II
Sigmund Freud, « Deuil et mélancolie », traduit de l'allemand par Jean Laplanche et Jean-Bertrand Pontalis, in *Métapsychologie*, Gallimard, 1940
Ovide, *Les Métamorphoses*, édition de Jean-Pierre Néraudau, Gallimard, coll. « Folio classique », 1992

Table

Avant-propos. L'enfant de bohème est devenu roi   7

L'énigme du renoncement
Madame de La Fayette, *La Princesse de Clèves*   11
Bibliographie   44

L'enfer du ressentiment
Ingmar Bergman, *Les Meilleures Intentions*   45
Bibliographie   76

La complainte du désamour
Philip Roth, *Professeur de désir*   79
Bibliographie   117

Par-delà le romantisme
Milan Kundera, *Œuvre*   119
Bibliographie   152

DU MÊME AUTEUR

Le Nouveau Désordre amoureux, *en collaboration avec Pascal Bruckner, Le Seuil, 1977*
Au coin de la rue, l'aventure, *en collaboration avec Pascal Bruckner, Le Seuil, 1979*
Ralentir : mots-valises !, *Le Seuil, 1979*
Le Juif imaginaire, *Le Seuil, 1980*
Le Petit Fictionnaire illustré, *Le Seuil, 1981*
L'Avenir d'une négation. Réflexions sur la question du génocide, *Le Seuil, 1982*
La Réprobation d'Israël, *Denoël, 1983*
La Sagesse de l'amour, *Gallimard, 1984*
La Défaite de la pensée, *Gallimard, 1987*
La Mémoire vaine. Du crime contre l'humanité, *Gallimard, 1989*
Le Mécontemporain. Péguy, lecteur du monde moderne, *Gallimard, 1991*
Comment peut-on être croate ?, *Gallimard, 1992*
Le Crime d'être né. L'Europe, les nations, la guerre, *Arléa, 1994*
L'Humanité perdue. Essai sur le XXe siècle, *Le Seuil, 1998*
L'Ingratitude. Conversation sur notre temps, *avec Antoine Robitaille, Gallimard, 1999*
Internet, l'inquiétante extase, *avec Paul Soriano, Mille et une nuits, 2000*
Une voix vient de l'autre rive, *Gallimard, 2001*
L'Imparfait du présent, *Gallimard, 2002*
Au nom de l'Autre. Réflexions sur l'antisémitisme qui vient, *Gallimard, 2003*

Les Battements du monde, *avec Peter Sloterdijk, Pauvert,* 2003
Nous autres, modernes, *Ellipses, 2005*
Le Livre et les livres. Entretiens sur la laïcité, *avec Benny Lévy, Verdier, 2006*
La Discorde. Israël-Palestine, les Juifs, la France, *en collaboration avec Rony Brauman, Mille et une nuits,* 2006
Ce que peut la littérature *(dir.), Stock/Panama, 2006*
Qu'est-ce que la France ? *(dir.), Stock/Panama, 2007*
La Querelle de l'école *(dir.), Stock/Panama, 2008*
Philosophie et modernité, *École polytechnique, 2009*
Un cœur intelligent, *Stock/Flammarion, 2009*
L'Explication, *débat avec Alain Badiou mené par Aude Lancelin, Nouvelles éditions Lignes, 2010*
L'Interminable Écriture de l'Extermination *(dir.), Stock,* 2010

Pour l'éditeur, le principe est d'utiliser des papiers composés de fibres naturelles, renouvelables, recyclables et fabriquées à partir de bois issus de forêts qui adoptent un système d'aménagement durable.

En outre, l'éditeur attend de ses fournisseurs de papier qu'ils s'inscrivent dans une démarche de certification environnementale reconnue.

*Cet ouvrage a été composé
par PCA à Rezé (Loire-Atlantique)
et achevé d'imprimer en France
par CPI Bussière
à Saint-Amand-Montrond (Cher)
pour le compte des Éditions Stock
31, rue de Fleurus, 75006 Paris
en septembre 2011*

Imprimé en France

Dépôt légal : septembre 2011.
N° d'édition : 01. – N° d'impression : 110640/4.
54-07-9081/8